Anonymous

Schreiben über die Magnetkur

Anonymous

Schreiben über die Magnetkur

ISBN/EAN: 9783744601450

Hergestellt in Europa, USA, Kanada, Australien, Japan

Cover: Foto ©ninafisch / pixelio.de

Weitere Bücher finden Sie auf **www.hansebooks.com**

Schreiben
über die
Magnetkur
von
Herrn A. Mesmer,
Doktor der Arzneygelahrtheit.

1776.

Erstes Schreiben
an
einen auswärtigen Arzt.

Dero Verlangen und dem Inhalte Dero schätzbaresten Zuschrift ein Genügen zu leisten, ist mir um soviel angenehmer, als ich dadurch einen zweyfachen Endzweck zu erreichen hoffe: erstlich meine Ergebenheit zu bezeugen, dann die irrigen Nachrichten, welche in einigen Zeitungsblättern von der Magnetkur zu lesen sind, auf den ächten Grad der Wahrheit zu bringen. Hier ist die Sache!

Schon im Jahre 1766. ließ ich eine kurze Abhandlung von dem Einflusse der Planeten, hauptsächlich aber der Sonne, des Mondes, und der Erde in den thierischen Körper drucken; ich suchte darzuthun, daß — gleichwie diese großen himmlischen Körper nach den Newtonischen Grundsätzen vermöge der Schwere, die sie gegen einander, besonders aber gegen die Sonne haben, nach dem Verhältnisse ihrer Maſſen, Entfernung und Stellung gleich ſo vieler großen Magneten ſich anziehen, in dem Laufe zurück halten, beſchleunigen, ja gar aus der Laufbahn reißen, und folglich ihre regelmäßige Bewegung ſtören — daß ſie auf gleiche Weiſe auf den Erdball im Ganzen, und auf alle darauf enthaltene Theile insbeſondere wirken. So wie die Sonne und der Mond nach ihren verſchiedenen Stellungen gegen einander, gegen die Erde und derſelben Abſtand die Perioden der Ebbe und Fluth im Meere ſowohl als in der ganzen Atmoſphäre verurſachen, eben ſo, zeigte ich, gehe eine ähnliche Ebbe und Fluth aus den gemeinſamen Urſachen im menſchlichen Körper vor; ich fügte bey, daß die anziehende Macht gedachter Sphären alle einzelne Theile, feſte und flüßige unſers Körpers, und derſelben Innerſtes durchdringe, unmittelbar auf unſere Nerven wirke, folglich in unſern Leibern ein wirklicher Magnetismus vorhanden ſey. Dieſe Eigenſchaft des animaliſchen Körpers, vermöge welcher derſelbe auf die Univerſalattraction empfindlich iſt, nannte ich gravitatem oder magnetismum animalem.

Zur Erläuterung meines Syſtems führte ich verſchiedene Geſchichten periodiſcher Krankheiten an; ich erſuchte die Aerzte dieſen magnetismum animalem unter die entfernten Urſachen der Krankheiten und Heilung zu zählen, empfahl ihnen Beobachtungen zu machen, und verſprach meiner Seits dieſen Gegenſtand in meiner Praxis zu erweitern.

Ja

In verflossenem Jahre bekam ich Gelegenheit nach meiner Theorie Entdeckungen zu machen, welche den Arzneyverständigen nicht gleichgiltig seyn können, und wovon ich E. hiemit Rechenschaft zu geben keinen Anstand nehme.

In meinem Hause fiel eine Frauensperson von 28. Jahren, welche von Jugend auf Merkmale eines schwachen Nervengewebes an sich sehen ließ, in eine der entsetzlichsten convulsivischen Krankheiten, welche gegen zwey Jahre abwechselnd dauerte.

Mit einem hysterischen Fieber verbanden sich Zuckungen, anhaltendes Erbrechen, Entzündungen verschiedener Eingeweide, Verhaltung des Urins, wüthende Zahnschmerzen, Ohrenwehe, Schwermuth, Wahnwitz, manchmal Raserey, Starrsucht, Ohnmachten, Blindheit, Athemlosigkeit, Lähmungen, die etwelche Tage anhielten, und andere dergleichen gräßliche Zufälle.

Ich wendete die wirksamsten Mittel an; nur durch die äußerste Sorgfalt, und daß ich sie nie aus meinen Augen ließ, war ich im Stande sie zum öftern der augenscheinlichen Todesgefahr zu entreißen, und stellte sie gemeiniglich binnen 3. oder 4. Wochen wieder her. Allein es währete nicht lange, so verfiel sie wieder in den vorigen Zustand. Ich unterließ dabey nie nach meiner obgedachten Theorie Beobachtungen zu machen, und kam so weit damit, daß ich im Stande war den Anfall der Krankheit, desselben Steigen und Abnehmen vorhinein zu sagen. Ich verfiel endlich auf den Gedanken, in dem Körper der Kranken eine gleichsam künstliche Ebbe und Fluth mit dem Magnete zu erwecken.

Ich entdeckte mein Vorhaben meinem Freunde dem k. k. Astronom Herrn Hell; dieser bestärkte mich darinn, both seine Hände dazu, indem er aus dem von ihm schon vor 14 Jahren hier erfundenen magnetischen Stahl einige Stücke von verschiedenen Formen, um solche nach meinen Absichten an verschiedenen Theilen des Leibes bequem anlegen zu können, verfertigen ließ. Als meine Patientinn im Monat Julio einen neuen Anfall bekam, band ich ihr zween gebogne Magnete an die Füße und hieng ihr einen herzförmigen an die Brust. Plötzlich erhob sich ein heißer zerreißender Schmerz von den Füßen an, strömte aufwärts, und endigte sich mit verstärkter Empfindung an dem obern Rande des Darmbeines, wo er sich mit dem zu beyden Seiten von der Brust herabfahrenden gleichschmerzlichen Strahl verband. Von der Brust aus geschah ein gleiches beyderseits nach dem Kopfe, vereinigte sich auf dem Scheitel, hinterließ durchgehende bey jedem Gelenke ein Brennen gleich einer glühenden Kohle.

Der magnetische Strom schien an verschiedenen Orten sich bald zu zerreißen, bald wieder mit Gewalt

walt anzuziehen. Dieses Hin- und Herziehen ward
so schmerzlich, daß in den obern Theilen sich bereits
Zuckungen erhoben.

Dieser fremde Auftritt erweckte bey der Kranken und den Umstehenden Schrecken! Man drang
in mich den Versuch aufzugeben; allein dieses mun-
terte mich nur mehr auf ihn fortzusetzen. Ich nö-
thigte die Kranke die Magnete zu behalten, und
legte noch mehrere an den untern Theilen an! Sie
bemerkte hierauf, daß der magnetische Strom den
Schmerzen, welcher in den obern Theilen zugenom-
men hatte, mit Gewalt herabriß.

Dieses Hin- und Herreißen dauerte die ganze
Nacht, und brachte an der ganzen Seite, welche
in einem vorigen Anfall lahm war, einen häufigen
Schweiß hervor, auf welchen sich die Schmerzen
sammt allen Zufällen nach und nach verlohren. Sie
ward auf alle Magnete unempfindlich, und von diesem Anfall geheilet. Sie litt (vermuthlich weil
sie ungemein schwach und das Uebel schon zu sehr
eingewurzelt war) nach der Hand noch ein paar Anfälle, welche aber eben so geschwind und auf gleiche
Art gehoben wurden. Ich rieth ihr, beständig einige
Magnete an sich zu tragen, worauf sie sich gar bald
erholet, und sie befindet sich seither ganz gesund.
In dieser Krankheit hatte ich Gelegenheit, verschiedene fast unglaubliche Versuche zu machen. Ich

fand und bestimmte Regeln, in welchen Fällen, an welchen Theilen, in welcher Menge, wie lang, und mit was für Behutsamkeit die Magnete zu gebrauchen sind. Ich theilte solche Herrn Hell, und durch ihn andern Aerzten mit.

Aus vielen sonderbaren Wahrnehmungen, von deren Zuverläßigkeit die nach den Regeln der Versuchkunst in Gegenwart des Hr. Hell und anderer bewährten Männer wiederholten Proben zeugen, will ich nur etwelche anführen.

Ich habe beobachtet, daß die magnetische Materie mit der elektrischen fast einerley sey; daß sie eben so, wie jene, durch andere Körper könne fortgepflanzt werden. Ich habe gefunden, daß nicht nur der Stahl allein geschickt sey die magnetische Kraft anzunehmen, sondern ich machte Papier, Brod, Wolle, Seide, Leder, Stein, Glas, Wasser, verschiedene Metalle, Holz, Hunde, Menschen, alles, was ich berührte, so magnetisch, daß gedachte Körper für sich die nämliche Wirkung auf die Kranke thaten, als die Magnete selbst. Ich ladete Flaschen mit der magnetischen Materie, wie man solches bey der Elektrick zu thun pflegt. Ich fand zwo Arten die magnetische Kraft so gewaltig zu verstärken, daß die Patientin, statt des von dem Magnete sonst gewöhnlich entstehenden reißenden und brennenden Schmerzens, ordentlich und geschwind

schwind auf einander folgende schmerzliche Schläge, gleich den elektrischen, in den Gelenken des Armes, des Halses, und zuletzt in dem Kopfe empfand, welche um so empfindlicher waren, als sie durch vermehrte Verstärkung langsamer wurden. Ich bemerkte ferners, daß nicht jeder Mensch einen gleichen Grad des Magnetismus annehme. Unter zehn Anwesenden war einer, welcher durchaus nicht magnetisch zu machen war; er allein unterbrach die magnetische Fortpflanzung.

Eben dieses bemerkte ich an einem Hunde.

Im Gegentheile befand sich einer unter diesen zehn, der mit der besondern Eigenschaft den Magnetismus so stark anzunehmen begabt war, daß er sich der Kranken nicht auf zehn Schritte nähern durfte, ohne ihr die empfindlichsten Schmerzen zu verursachen.

Ich brachte der Kranken ohne alle Communication mit ihr in einer Entfernung von 8 bis 10 Schritten, indem ich mich hinter eine Person oder hinter eine Mauer verbarg, auf jeden Theil des Leibes, wohin ich wollte, einen so heftigen Schlag bey, gleich als hätte sie einen Hieb mit einem stumpfen Eisen bekommen.

Die unterbrochene, auch die zurückgebliebene monatliche Reinigung, nicht weniger den Goldaberflnß stellte ich auf der Stelle wieder her, und machte eben so geschwind den daher entstandenen beschwerlichen Zufällen ein Ende. Ich heilte das Blutspeyen, eine von dem Schlagflusse zurückgebliebene Lähmung, ein von Zorn verursachtes Zittern, und alle andere mir vorgekommene hypochondrische, convulsivische, und hysterische Zufälle. Ich versuche es dermalen in Epilepticis, Melancholicis & Maniacis und in Wechselfiebern. In Ansehung des von den Magneten verursachten Schmerzens fand ich, daß er verschieden, bald ziehend, brennend, bald schneidend, zerreißend wie die rheumatischen, und bald den elektrischen Schlägen gleich sey.

Alle Fälle hatten das gemein, daß die Empfindlichkeit auf den Magnet aufhörte, so bald ein Zufall geheilet war.

Nach den Grundsätzen meiner Theorie, nach den gemachten Beobachtungen und Versuchen schreibe ich dem Magnet eben keine specifische Kraft auf die Nerven zu; ich bin der Meinung, seine Wirkung bestehe blos darin, daß er wegen seiner unbegreiflichen Subtilität und wegen seines analogi mit dem fluido nerveo, womit er das Innerste durchströmet, nach der Stärke und Menge, und nach den Theilen, wo er angebracht wird, eine künstliche Ebbe und Fluth verursache, und die uns

gleiche

gleiche Austheilung und dispensation des fluidi nervei und dessen verwirrte Bewegung durch seinen gleichförmigen Strom wieder herstelle, und denjenigen Zustand hervorbringe, den ich die Harmonie der Nerven nenne.

Aus diesem, und aus dem, daß unsere Empfindungen nichts anders sind als die Wahrnehmungen der Differenzien der Verhältnisse, läßt sich begreifen, warum wir die Wirkung gedachter großen natürlichen Magnete sowohl als der künstlichen, ungeachtet sie forthin und allgemein auf uns wirken, nur in den Theilen unsers Körpers empfinden, in welchen die Harmonie gestöret ist.

Dieses ist es, womit ich dermalen E. Verlangen nach einer nähern Kenntniß von der Magnetkur mit Zuverläßigkeit befriedigen kann.

Ich behalte mir aber bevor, diese und meine weitern Versuche und Entdeckungen in einer umständlichern Ausführung meiner Theorie und bereits fest gesetzten Regeln der Welt mitzutheilen.

Indessen aber wünschte ich, jeden warnen zu können, die Magnetkur wegen ihrer zu genauen Verbindung mit der Arzneywissenschafft nicht anders als aus den Händen der Aerzte zu gebrauchen.

Ich bin 2c. 2c.

Wien, den 5ten Jänner 1775.

Zweytes Schreiben
an das Publikum.

Die Aufrichtigkeit, mit der ich meine Entdeckungen in der Magnetkur meinen vertrautesten Freunden mitzutheilen zu wenig vorsichtig war, hat bereits zween derselben von mir entfernet. Der eine läugnet gerade weg, was er gesehen und selbst versucht hat; der andere was er nicht gesehen und nicht selbst versucht hat.

Nach der Art, womit ich in meinen Versuchen vorzugehen und mit meinen Freunden zu handeln gewohnt bin, konnte ich so etwas nicht einmal vermuthen, geschweige dann erwarten, daß Herr Hell, mit dem ich schon über 8 Jahre genaue Freundschaft gepflogen, für den meine Freundschaft nie ein Geheimniß hatte, für den ich mich in jeder Gelegenheit aufgeopfert hätte, — daß Herr Hell, auf dessen Zeugniß ich mich in meinem neulich durch den Druck bekannt gemachten Schreiben über die Magnetkur berief, mich gar in den öffentlichen Zeitungsblättern der Welt als einen Lügner Preis geben würde.

Ich führte Herrn Hell und andere bewährte Männer zu Zeugen über einige Versuche an, deren ich überhaupt erwähnte. Sagte ich dadurch, daß er bey allen gegenwärtig war? Habe ich mich denn insbesondere für jeden von mir angezeigten Versuch auf ihn berufen? Und warum machte Herr H. diese Erinnerung nicht den Tag zuvor, ehe ich mein Schreiben zum Druck gab, da ich es ihm vorlas, da er mich bewog, berührtes Schreiben, welches anfänglich anonimisch erscheinen sollte, in meinem eigenen Namen zu desto größerer Glaubwürdigkeit herauszugeben? Nach seinem Verlangen hatte ich die Fälle benennet, wo er zugegen war, oder gar geschwiegen. Warum hieß er alles gut und ließ mich es zum Druck befördern, ohne die geringste Einwendung zu machen? Was für eine Noth trieb ihn endlich die Anfrage seines vorgegebenen Freundes, die nicht öffentlich geschah, in den Zeitungsblättern zu beantworten? Woher diese schnelle sonderbare Veränderung seiner Gesinnungen gegen mich?

Wenn ich Herrn H. dadurch, daß ich mich auf ihn berief, beleidiget habe, so erkläre ich mich hiemit, daß ich demselben kein Zeugniß aufzudringen gedenke, das er nicht mit redlichem Herzen geben kann; ja ich erlasse ihn sogar der Zeugenschaft über dasjenige, was er selbst für richtig erkennet.

Ich

Ich erkläre mich über dieses, daß ich mich nie wieder in keinem Falle um so weniger auf sein Wort berufen werde, als er bey dem Mangel der Kenntnisse im medicinischen Fache vielleicht nicht von jedermann als ein giltiger Zeuge angesehen werden dürfte.

Was folgt endlich daraus? Was kann es der Richtigkeit meiner Versuche schaden, wenn ihnen das Zeugniß des Herrn H. mangelt? Sind sie deßhalb weniger wahr? Würde es nicht bey mir Unbescheidenheit, Eigenliebe und seichte Philosophie verrathen, wenn ich die in seinem astronomischen Fache gemachten Beobachtungen aus dem Grunde, weil ich nicht weiß, wie er sie angestellet, für uns richtig, für bloße Visionen so lang ausschreyen wollte, bis ich sie selbst gemacht hätte.

Doch ich nehme es Herrn H. gar nicht übel, daß er meine Versuche, denen er nicht gegenwärtig war, für Einbildungen erkläret; dadurch stellt er mich sicher, daß er meinen allerersten Versuch, so wie alle von mir bekannt gemachte Entdeckungen, wenn sie dereinst durch andere Arzneygelehrte werden bewähret seyn, niemals Sich wird zueignen können.

Aber mit welchem Rechte kann Herr H. mir die Fähigkeit, Versuche gehörig anzustellen, absprechen?

chen? Gab ich ihm nicht hievon überzeugende Proben, als ich den Knaben, wovon er Meldung machet, und bey dem er, wie er sich in einem Handschreiben an mich vom 26. November v. J. ausdrückte, wunderbare elektrisch magnetische Phänomena, Stösse u. d. gl. in die Ferne wahrgenommen zu haben glaubte, durch meine in seiner Gegenwart angestellte Versuche seines Irrthums überführte? Und kann Herr H. von mir nur ein einziges Beyspiel der Leichtgläubigkeit anführen, welches demjenigen gleich käme, das er in seinem gedruckten Schreiben verräth, wenn er erwähnet, er habe den ganzen Umfang des Nervensystems und was durch die Nerven möglich ist, in Eustachii Tabellen gesehen? Wie, wenn ich ihn versichere, daß der magnetische Strom nichts weniger, als nach den in diesen Tabellen angezeichneten Stämmen und gröbern Aesten der Nerven gehe?

Wie kann er sich einer so großen Erfahrung schmeicheln, die ihn in den Stand gesetzt hätte, mir mit Rath und Warnungen an die Hand zu gehen, da er doch nach seinem feyerlichen Geständnisse, niemals selbst kuriret hat, und da er von mir wissen sollte, daß man nur in dem wirklichen Paroxismo die magnetische Wirkungen wahrnehmen könne?

Mag doch Herr H. von meinen Entdeckungen und Versuchen denken, was er will! Ich kann
für

für die Wahrheit derselben mit der Aufrichtigkeit und Rechtschaffenheit, wovon ich von jeher Profeßion mache, eben so sichere Bürgschaft leisten, als ob er sie selbst gesehen hätte.

Was endlich die Entdeckung der Magnetkur hier in Wien betrift, so kann ich nicht weniger bey meiner Ehre versichern, daß ich schon ein halbes Jahr, bevor Herr H. mir von dem Bar. v. S. Zufall Nachricht gab, meine Patientin zu der nach meiner Theorie vorgehabten Magnetkur durch gewisse Arzneyen vorbereitet, und ihr wirklich einmal, um das aufbrausende Geblüt von den obern Theilen herabzuziehen, ein Paar gerade Magnetsstangen an die Fußsole angelegt habe, die aber der ungeschickten Figur wegen abfielen; die Krankheit gieng ohnehin zu Ende, und ich war folglich außer Stande weitere Versuche damit zu machen.

Aus der Geschichte von dem geheilten Magenkrampfe der Bar. v. S. ward ich eben nicht klüger, als ich es seither in Ansehung der gestillten Zahnschmerzen und des geheilten Magenkrampfes durch die Nachrichten der Franzosen und Engländer war; denn es war kein ordentlicher Versuch von Herrn H. sondern eine blosse Nachricht, daß der Krampf nachgelassen habe, welches wie man weiß ohne Anlegung eines Magnetes geschehen kann, nur glaubte und erzählte Herr H. es so gutherzig
als

als ob er selbst dabey gewesen wäre. Doch dem
sey wie ihm wolle; wenigstens gab diese Nachricht mir Anlaß Herrn H. zu ersuchen, mir eine be-
quemere Form von Magneten zu verschaffen, damit ich solche nach meinen ganz anderen Absichten an die Extremitäten des Körpers anlegen könnte.
Ich erhielt sie und machte den ersten Versuch,
wobey sich so fremde, sonderbare und fürchterliche
Erscheinungen zeigten, daß sie jeden andern würden abgeschreckt haben.

Diesen Dank bin ich Herrn H. schuldig, und
ich werde ihm denselben nie versagen, ob ich gleich
abermal erinnern muß, daß weder die Form noch
Figur der Wirbel, noch der Unterschied der Pole,
wie ich es nach allen meinen besonders deshalben
mit der größten Sorgfalt angestellten unzähligen
Versuchen zuverläßig beweisen kann, zu den verschiedenen Wirkungen des Magnets in den menschlichen Körper nicht das allergeringste beytragen

Nichts bleibt mir übrig als meine Verwunderung über des Herrn H. in Ansehung meiner
Erfahrungen so schnell, und in einem kurzen Zeit-
raum von 24 Stunden geänderte Gesinnungen um
so nachdrücklicher zu erkennen zu geben, als derselbe durch ein halbes Jahr meinen Versuchen allen
Beyfall gab, mich seiner vollkommenen Ueberzeu-
gung versicherte, ja selbst alle ihm anvertraute Ent-
deckun-

deckungen aller Orten mit solchem Enthusiasmus ausbreitete, daß ich ihn, aus Furcht es möchte vor der Zeit zu viel aus der Sache gemacht werden, davon abzuhalten genöthiget war. Ich könnte noch vieles anführen, und ich habe noch starke und unverwerfliche Beweise meiner Sache in Händen. Allein meine Absicht gehet itzt nicht dahin jemand zu überzeugen. Die Zeit wird es thun. Ich erkläre mich auch, daß ich mich mit Streitschriften weiter nicht abgeben, sondern meine Zeit zu neuen Entdeckungen, wovon das menschliche Geschlecht einen wichtigern und wesentlichen Nutzen zu hoffen hat, verwenden werde.

Wien den 19. Jänner 1775.

Drittes Schreiben
an die Fr***.

Die Wirkung des Magnetens in dem menschlichen Körper, oder kurz, die Magnetkur erhält in dem Versuche des Hrn. Dr. Unzers in Altona eine neue Bestätigung. Diese Nachricht ist mir um so viel angenehmer und wichtiger, als ich seit einiger Zeit in Ansehung des Hrn. Unzers, dem ich auf seine Zuschrift einen Theil meiner Entdeckungen mitgetheilet, und eine Anzahl Magneten zugeschickt hatte, seines gänzlichen Stillschweigens wegen ein wenig in Verlegenheit war. Hr. Unzer ist bisher nach mir der einzige Arzt, der sich die Mühe genommen, in dieser wichtigen Entdeckung einen Versuch zu wagen.

Die Genauheit seiner Beobachtungen, die Aufrichtigkeit, mit der er selbe erzählet, besonders aber seine vorzügliche Beobachtungsart verdienen allerdings den öffentlichen Beyfall, den ihm der Hamburgische Korrespondent N. 56. bezeuget.

Aber warum mußte dieses eben auf meine Unkosten geschehen? Wenn der Recensent das, was er nicht begreift, für überflüßig, ungereimt, und unglaublich hält, so ist es gewiß nicht Mangel an Wahrheit der Sache, sondern blos Mangel seiner Einsicht.

Die Absicht meines ersten Schreibens war nur eine summarische Nachricht von dem was geschehen, nicht, wie es geschah, zu geben; dieses versprach ich bey einer andern Gelegenheit zu thun, welches auch nächstens geschehen soll. Indessen erkennet man meine Theorie für unnütz und überflüßig, ohne welche ich doch die Verwegenheit eben so wenig hätte haben können den ersten fürchterlichen Versuch an meiner Patientin zu machen, als Hr. Unzer die seinige ohne mein Beyspiel so lange Zeit mit gutem Gewissen hätte martern dürfen.

Wie hätte ich ohne Theorie des Strömens, der Empfindung, der Harmonie, des thierischen Magnetismi ꝛc. wissen können, daß durch die Wirkung der gehörig angelegten Magneten selbst alle Zufälle wieder erscheinen müssen, die entweder gegenwärtig oder vorher Zufälle der Krankheit waren; daß selbe als heilsame Wirkungen der Magneten nicht zu fürchten; daß die Empfindlichkeit auf die Magneten sich nur in den kranken Theilen äussere, nach dem Maße der Krankheit zu- und abnehme, und mit derselben gar ver-
schwin-

schwinde; daß endlich ein vollkommen Ge-
sunder die Wirkung der Magnete unmöglich
wahrnehmen könne?

Der Mangel an Theorie mag ohne Zweifel
Ursache seyn, warum der Gebrauch des Magnetens bey Zahnschmerzen und Magenkrämpfungen
in Frankreich und England gar bald verworfen worden; wenn bey der Anlegung statt der gehofften Lin-
derung die nämlichen oder stärkere Schmerzen ent-
stunden.

Wie wäre es mir möglich in allen nur er-
denklichen Fällen zu entscheiden, ob selbe durch
eine Magnetkur können gehoben werden oder nicht?
Wie könnte ich jedesmal den Ort der Application,
die Anzahl, die Richtung, die vorzunehmenden
Veränderungen, den gehörigen Grad der Verstärkungen so zuverläßig bestimmen? Wie könnte ich
endlich überhaupt alle folgende Erscheinungen vorher sagen?

Nur Empiriker und Quacksalber können sich
mit Formeln, die nur dem Namen einer Krankheit angemessen sind, begnügen, lohne sich um
Grundsätze zu bekümmern.

Ich sage und selbst der Erfolg in der von
dem Hrn. Unzer unternommenen Kur beweiset es,

daß ohne die Theorie die Magnetkur nicht wohl möglich, oder wenigstens sehr unsicher sey; denn dieser würde gewiß mit Hilfe derselben sicherer und geschwinder mit seinem Versuche zu Ende gekommen seyn, auch nicht so viele vergebliche Versuche gemacht haben.

In mehreren ähnlichen Fällen war ich im Stande durch Verstärkung des thierischen Magnetismi, durch Mittheilung und Concentrirung der magnetischen Kraft in anderen Körpern ꝛc. Anfälle, die sonst ganze Wochen und noch länger anhielten, in einer halben Stunde zu heben, und nach zwey bis drey wiederholten Anfällen die Kranke gänzlich herzustellen. Ja ich muß gestehen, daß ich mich dieser Hilfsmittel, welche eigentlich das Wesentliche der Magnetkur ausmachen, bey allen Kuren bediene, deren ich forthin mehrere unternehme, und mit unglaublicher Geschwindigkeit vollende.

Mit Hilfe der Theorie würde Hr. Dr. Unzer den Muth an den zwoen epileptischen Personen die Magnetkur zu versuchen nicht so bald haben sinken lassen. Ich vermuthe aus seinem Schluße, er sey schon ganz nahe bey meiner Meinung, daß es nämlich magnetisch und unmagnetische Subjecte gebe. Ich wollte bey einer mit der Chorea S. Viti durch 15. Jahre in einem schrecklichen Grade

behaf=

behafteten Nonne die Magnetkur verſuchen, ich
fand ſie aber auch auf die verſtärktere Kraft der
Magnete gänzlich unempfindlich; dieſes verleitete
mich auf den Gedanken, durch elektriſche Erſchüt-
terungen den Magnetismum in gedachter Perſon
zu erwecken, und auf den erforderlichen Grad zu
bringen; ich entdeckte ſolches abermal Hrn. H.
und lud ihn auf den folgenden Tag mit einem andern hieſigen Arzte zu dieſem Verſuche ein. Dieſes wird ihm vermuthlich Anlaß gegeben haben,
von einer vorgegebenen Erfahrung an Unjern zu
ſchreiben, welche nicht vor ſich gieng, weil die
Nonnen ſich weigerten die Elektrick anwenden zu
laſſen. Indeſſen habe ich mit der Elektrick auf eine bisher ungewöhnliche Art und Verbindung mit
der Magnetkur ganz beſondere Entdeckungen gemacht, welche ich auch, ſo bald dieſe Kur mehr
Kredit wird erhalten haben, nebſt vielen anderen
faſt unglaublichen Wahrnehmungen bekannt zu machen gedenke.

Das Zutrauen, meine Herren, mit dem ſie
mich beehren, verbindet mich die vorgelegten Fragen mit der Aufrichtigkeit, mit der ich auf alle
Zuſchriften und Anfragen mich zu äuſſern gewohnt
bin, zu beantworten. Ich habe für das Wohl
des menſchlichen Geſchlechts keine Geheimniße,
auch habe ich meinen Rath noch niemand verſaget.
Voraus geſetzt, daß nach meiner Theorie die Magneten

neten eine künstliche Ebbe und Fluth nach den allgemeinen Gesetzen der Anziehung im menschlichen Körper erwecken, daß durch ein gleichförmig anhaltendes Durchströmen der magnetischen Materie die harmonische Bewegung und Austheilung des Fluidi Nervei wieder hergestellet, und in solchem Zustande erhalten werden könne; so sind meine Hauptmaximen bey jeder Application:

1.) Daß der magnetische Strom auf den unharmonischen Theil des Körpers vorzüglich geleitet werde;

2.) Daß dieser gleichförmig, anhaltend, und selbst harmonisch sey.

3.) Daß selber endlich dem Grade der Stärke der verwirrten oder gar gehinderten Bewegung des Fluidi Nervei proportionirt sey.

4.) Daß die Hauptrichtung der Ströme nach den Extremitäten, besonders aber nach den unteren Theilen geschehe. Zur Richtschnur setzte ich unter andern folgende Regeln fest:

1.) Daß die Anlegung der Magnete simetrisch geschehe; das ist, wenn auf einem Arm oder Fuße ein Magnet angeleget wird, so soll ein gleiches auch auf dem andern Arm oder Fuße

Fuße in der nämlichen Richtung, oben⹀ unten⹀ ein⹀ oder auswärts geschehen. In der Mitte des Körpers, als nach der ganzen Länge des Rückgrades bey dem *Os sacrum;* auf der Brust, auf dem Magen, Nabel, werden die Magnete einzeln angebracht.

2.) Nach der Länge des Rückgrabes werden die Magnete ad Origines Nervorum der leidenden Theile angeleget, zugleich aber fast in allen Fällen werden zwey gebogene unter die Kniekehle oder ellyptische unter die Fußsohle angebunden.

3.) Auf dem Kopfe selbst wird bey irritabeln Subjecten nicht leicht ein Magnet appliciret, sondern an das Genick, oder auch zugleich vorne auf die Brust, von wannen durch Verstärkungen der Strom über den Kopf geleitet wird.

4.) Bey Magenkrampf, Erbrechen, wird ein herzförmiger oder ellyptischer mit der längern Axe auf⹀ und niederwärts sehend angelegt; ein gleiches geschiehet bey Kolicken auf dem Nabel.

5.) Sollen niemals zwey Magneten nahe beysammen, und auf dem Arme oder Fuße nie mehr als einer angeleget werden, mehrere stören oder unterbrechen den Strom.

6.) Es kömmt überhaupt bey der Wirkung der Magneten darauf an, daß selbe nach und nach und gleichförmig ziehen, jede gähe Veränderung und Ungleichheit erschüttert die Nerven und turbieret die Harmonie, darum sollen

7.) Währendem Paroxismo nicht leicht Magneten von ihrer Stelle gerüket, sondern die schon wirklich angelegten nach Gestalt der Umstände und der Empfindung verstärket werden.

8.) Man solle sie sowohl vor, in, als auch nach dem Paroxismo Tag und Nacht forttragen. Je fester sie anliegen, je mehr Stärke werden sie haben. Eine besondere Diät hat man nicht nöthig, man kann ausgehen, und seine gewöhnlichen Geschäfte verrichten.

Nachdem ich entdecket habe, daß das Glas, nach diesem das Wasser die magnetische Kraft vorzüglich annimmt, und daß diese nach dem Verhältniße der Maße des Wassers und der mitgetheilten Kraft verstärket werden könne; wie auch daß eben diese Verstärkung den Magnetismum des ganzen Körpers sowohl als der angelegten Magneten vermehre, und also die magnetische Kraft dem Körper im erforderlichen

lichen Grade gleichförmig beyzubringen geschickt sey, so bediene ich mich mit dem besten Erfolg der magnetischen Bäder, der Füße, der Hände, des ganzen Körpers; solche werden magnetisch, so bald ein bereits magnetischer Körper selbe berühret, vorzüglich aber durch Einlegung wirklicher mehr oder weniger starker Magneten.

Dieses ist was ich meine gewöhnliche Methode mit Communication und Verstärkung nenne; und ob ich gleich noch verschiedene andere Arten der Verstärkungen habe, deren Bekanntmachung nebst den verschiedenen auf einander folgenden Graden ich in ein ausführlicheres Werk verspare, so ist die beschriebene mit Wasser die gewöhnlichste.

Ich kann nicht umhin ihnen noch eine Anmerkung zu machen, welche zur glücklichen Ausübung der Magnetkur unumgänglich nothwendig ist, und welche sie gar bald überführen kann, daß in uns ein thierischer Magnetismus vorhanden sey. Eine mit wirklichen hiterischen oder konvulsivischen Zufällen behaftete Person soll zur Zeit, wenn sie eine Empfindung von Magneten spüret, untersuchen, welche von den sie umgebenden Personen

sonen magnetisch sey oder nicht? Sie kann dieses bald unterscheiden, wenn sie eine nach der andern bey der Hand hält, und Acht giebt, was in ihr vorgehet. Die Person, welche sie unmagnetisch findet, oder welche keine Veränderung in sie wirket, soll sie allein bedienen, diese allein darf sie berühren, und ihr alles darreichen. Die übrigen sollen sich bey entstehendem Anfalle besonders den obern Theilen nicht nähern, wenn nicht alle Zufälle der kranken Person sich augenscheinlich verschlimmern sollen.

Gleichwie ich in Statu Paralyseos eine besondere Methode habe, so leiden die bisher angeführten Regeln alsdenn einige Ausnahm.

Da die Wirkung des Magnetens nach unzähligen angestellten Versuchen keine andere ist, als daß dadurch die gestörte Harmonie wieder hergestellet, und die hergestellte erhalten wird: so habe ich mit gleich erwünschtem Erfolg selbe an Schwangeren, Gebährenden, Kindbetterinnen, und Kindern selbst versucht.

Ich befande, daß die gehörig angelegte Magneten alle sowohl natürlich als wiedernatürliche Evomationen, in so fern diese von der Natur

tur gefordert werden, befördere, regulire, und niemals übermäßig betreibe.

Die Magneten selbst betreffend, so wiederhole ich auf ihr Verlangen noch einmal, daß unsere Magneten in Wien vor den Englischen, Französischen, oder andern, wo sie immer verfertiget sind, keinen besondern Vorzug haben, und daß an der verschiedenen Figur ausser der Bequemlichkeit des Anlegens nichts gelegen ist. Die Magneten kann man so lange brauchen, bis sie die gewöhnlichen sichtbaren Zeichen ihrer Kraft, das ist das Anziehen des Eisens und Feilstaubes, verliehren.

Wenn nach den vorstehenden Regeln vorgegangen wird, so sind alle auch die konvulsivischen Erscheinungen nicht gefährlich, sondern als heilsame Wirkungen der Magneten anzusehen.

Aus diesen wenigen Grundsätzen, und aus dem, was von meinen verschiedenen Kuren und Versuchen bereits bekannt worden, laß ich sie meine Herren! nun beurtheilen, ob die Magnetskur bey mir annoch roh, noch in der Wiege sey? Ob es mir an hinlänglichen Regeln und Kautelen fehle, und wem eigentlich das

Ver-

Verdienst die Bahn gebrochen zu haben, gebühre? Mit diesem hoffe ich dero Anfragen, in so weit es zur allgemeinen Anwendung dienlich ist, genugsam beantwortet zu haben, besondere Fälle, und besondere Subjecte müssen besonders beurtheilet und behandelt werden.

Ich bin ꝛc.

Wien den 10ten May, 1 7 7 5.

Anhang
von
einigen Briefen und Nachrichten
die
D. Mesmerische Kurart
mit dem Magneten
betreffend.

Extract eines Schreibens aus München de dato 28. December 1775.

Vergebens sehen wir schon einige Zeit der Antwort des Herrn Doctor Mesmers auf die an ihn gestellten philosophischen Fragen und Einwürfe über die Magnetkur entgegen. Entweder ist das im Druck erschienene Schreiben nicht in seine Hände gekommen, oder er folgt seinem Entschlusse, daß er, statt sich mit Streitschriften abzugeben, seine Zeit zu nützlichern Beschäfftigungen verwendet.

Indessen lassen uns die verschiedenen Nachrichten, welche in Bayern und Schwaben zum Vortheil seiner Sache öffentlich bekannt gemacht worden, über die Wahrheit und den beßten Erfolg seiner Entdeckungen außer allem Zweifel. Ich selbst war öfters ein Augenzeuge seiner Unternehmungen mit der Magnetkur, ich gestehe es, zu meinem nicht geringen Erstaunen.

Die Ehre, welche durch diese Entdeckung der deutschen Nation erwächst, und die Wohlthat, welche dem ganzen menschlichen Geschlechte daraus entspringet, gestatten mir nicht zu dulden, daß man den Credit dieses rechtschaffenen Menschenfreundes da und dort zu erschüttern sich bestrebet. Ich table vielmehr unsern Nationalfehler, die Willfährigkeit, womit wir alles, was uns Fremde vorspiegeln, begierig annehmen, in unsern eigenen Werth hingegen Mistrauen setzen. Es scheinet in der That, man mache sich auch in diesem Falle ein Geschäfft daraus, dem Erfinder sein Verdienst zu schmälern, oder ihm gar die Ehre zu entwinden, um sie Fremden in die Hände zu spielen, welche nach der Zeit mit großem Geräusche in der Welt auftreten, und den Deutschen in Vergessenheit bringen.

„Die vorgegebenen Wirkungen des Magneten „in den thierischen Körper sind zu wunderbar, uns „begreiflich, unglaublich, sie streiten wider die bis„herigen Experimenten, man hat keine überzeugen„de Proben selbst gesehen." Das sind die Vorwürfe, die man dem Erfinder machet, Vorwürfe, welche auf ihre eigene Urheber zurück fallen. Verwunderung und Unglaube sind Töchter der Unwissenheit. Wird der Wahrheit dadurch etwas benommen, weil sie unbekannt ist? Sind die bisherigen Experimente die Gränzen aller Versuche? Soll man auf neue Erfindungen Verzicht thun? Beynahe ein ganzes Jahrhundert kennen wir die

Wirkungen der Elektrik; wir häufen Versuche über Versuche, wir spielen damit, wir bewundern sie, ohne den geringsten Nutzen für die Heilungskunde daraus zu schöpfen. Dem nachforschenden Geiste des Herrn D. Mesmers war es vorbehalten, die eigentliche Methode zu entdecken, mit welcher die Wirkungen der Elektrik zu sicherer Heilung der hartnäckigsten Krankheiten angewendet werden können. Es gereichet ihm daher zu nicht geringer Ehre, daß man seine Erfindungen so weit über die gemeinen Kentnisse hinaus setzet.

Die Magnetkur an Kranken, nur an Kranken? Sollte denn die Kur an Gesunden gemacht werden? Können denn die Kranken in keinem Falle gültige Zeugen ihrer Empfindungen seyn? Welcher Arzt wird es sich in den Sinn kommen lassen, einem unter der Marter der Schmerzen seufzenden, um Hülfe flehenden Podagristen seine Empfindungen abzustreiten, und ihm zu beweisen: seine Empfindungen wären nur eingebildet, weil er krank sey? Man wird doch zugeben, daß unter tausend und mehrern Kranken, an welchen Herr D. Mesmer seine Versuche angestellet, wenigstens 10 oder 20 nicht von dem schwachen der Einbildung unterworfenen Geschlechte, sondern Männer gewesen sind, welche im Kopfe gesund waren? Will man es nicht zugeben, so wäre es endlich wohl noch der Mühe werth, daß man die Sache, bevor man sie so leichterdings verwerfe, ohne Vorurtheil untersuchte.

Allein so behält dieses immer die Oberhand über den Verstand, und man hält diesen für entehret, wenn eine Neuheit ihm unbegreiflich vorkommt.

So dunkel, so wenig erläutert bisher das Mesmerische Lehrgebäude scheint, indem es gleichsam nur in einem Entwurfe gezeiget worden, so hat man doch keine Ursache an desselben Richtig- und Gründlichkeit zu zweifeln, besonders nachdem wir von der Fruchtbarkeit desselben durch sein drittes Schreiben hinlänglich überzeugt seyn können. Noch mehr wird man es seyn, wenn man ihn bey seinen Kuren operiren sieht. Man erstaunet über die Zuverläßigkeit, mit welcher er alle vorkommende Phänomenen vorhinein saget, über die Sicherheit, mit der er die schwersten und verflochtensten Fälle unternimmt.

Man wird gestehen müssen, daß diese Kurart mit keiner andern in der ganzen Arzneywissenschaft zu vergleichen sey, und daß man sich gar nicht wundern darf, wenn man so manche Versuche, welche man ihm nachmachen will, mislingen.

Dieses ist es, was ich zur Vertheidigung der Ehre des Herrn D. Mesmers ohne Partheylichkeit oder Vorliebe, bloß nach Recht und Billigkeit sagen zu können glaubte.

Man ist diesem verdienstvollen Manne aus verschiedenen Betrachtungen den größten Dank schuldig. Er hat nicht allein in der Arzeneywissenschaft ein ganz neues Feld geöffnet, worauf sich die herrlichsten Früchte für das Wohl des ganzen Menschlichen

lichen Geschlechts sammlen laſſen; er hat zugleich
dem Vorurtheile, mit welchem man die bekannten
Gaßneriſchen Operationen und Wunderkuren anges
ſehen hat, und zum Theil noch anſieht, einen tödts
lichen Stoß verſetzt. Durch ſein Lehrgebäude von
dem thieriſchen Magnetismus und der natürlichen
Wirkung eines Körpers in den andern läßt ſich bes
greifen, was für eine Beſchaffenheit es mit dieſem
Manne und ſeinen Kuren hat. Dieſes allein iſt
ſchon hinreichend, Herrn D. Mesmer um das ganze
menſchliche Geſchlecht, und beſonders um unſere Zeit,
unendlich verdient zu machen. Vernünftige Leute
wiſſen nur gar zu wohl, was für Unheil der Abers
glaube bey ganzen Völkern zu ſtiften vermag, bes
ſonders wenn er ſeine Waaren durch die Hände Gott
geweihter Diener auskramet. Es iſt ein Glück
für dieſe Zeit, daß ein Mann aufgeſtanden, welcher
der Verbreitung eines ſo gefährlichen Uebels Schrans
ken ſetzet, welches nicht allein Leute von ſchwachen
Sinnen hingeriſſen, ſondern ſelbſt Männer von Ans
ſehen und bekanntem Ruhme in Verlegenheit gezos
gen hatte.

Schreiben aus Schaffhauſen.

Freunden und Gönnern Herrn D. Mesmers, deſs
ſen Verdienſte und menſchenfreundlicher Karaks
ter ihnen in beſtändigem Andenken ſind, können wir
uns nicht entäußern, nachſtehendes zu ſeinem Ruhs
me bekannt zu machen.

Ein sechzehenjähriges Mädgen von Espensingen, das von Jugend auf an Gichtern, und seit vier Jahren so sehr an der Epilepsie litte, daß sie fast täglich die schrecklichsten Anfälle auszustehen hatte, ward vom Herr Mesmer zu Stahringen, wo er sich letztern Sommer einige Zeit aufhielt, durch eine magnetische Radicalkur von 14 Tagen vollkommen und dauerhaft hergestellt. Besonders merkwürdig sind die Versuche, die Herr Mesmer zu Bestärkung seines Systems mit dieser Person gemacht hat. So oft er seinen Zeigfinger nach ihr ausstreckte; in welcher Entfernung es seyn mochte — ja sogar durch 2 verschlossene Thüren und durch die Wand, fiel dieselbe sinnlos zu Boden. Dieß geschah auch, wenn er auf ihr Bild im Spiegel druckte, oder ihr einen Spiegel vorhielt. Zum Beweise, wie schnell der magnetische Strom sich fortpflanze, that Herr Mesmer auf 8 Schritte weit mit ausgestrecktem Finger einen Luftstreich, so daß der Stral der Patientinn den Fuß traf, und ohne daß sie die Bewegung sehen konnte, fiel sie plötzlich nieder. Gleiche Wirkung hatten einige Tropfen Wasser, die Hr. Mesmer aus seiner Hand auf die Patientinn spritzte. Sie konnte alles, was magnetisch war, von weitem riechen. Währender Kur verlohr sich diese erstaunliche Empfindlichkeit nach und nach, und am Ende war es nicht mehr möglich, durch die größten magnetischen Verstärkungen eine Erschütterung in ihr hervorzubringen.

Eine ganz ähnliche Patientinn hatte Herr Meßmer zu Konstanz an einem Mägdlein von Englis-
hofen aus dem Thurgäu, mit welcher er in Bey-
seyn vieler vornehmer Personen alle obige Versuche
zum öftern wiederholte. Diese konnte blos durch
den Geruch den Finger unterscheiden, mit welchem
man einen Magneten berühret hatte. Auch diese
ist hergestellt, und hat mit ihrer Krankheit die vo-
rige Reizbarkeit der Nerven verlohren.

Schreiben aus Konstanz.

Der durch die Entdeckung verschiedener neuer
Wirkungen des Magnets, und besonders des
thierischen Magnetismus berühmte Hr. Dr. Meßmer, ist von Wien ohnlängst allhier angekommen,
und hält sich wirklich noch in unsern Gegenden
auf. Desselben bisher gemachte Versuche haben
auch andere dießseitige Herren Arzneygelehrte auf-
gemuntert, die nämliche Methode auf Verlangen
ein so andern Patienten einzuschlagen. Die damit
gemachte Probe, wie der Erfolg, hat auch so erwünschten Ausschlag erreichet, daß die Umstände
hievon nicht allein zur billigen Ehre des vorbelob-
ten Hr. D. Mesmers, sondern vielmehr jedem Be-
dürftigen zu seinem größten Troste, andurch öffentlich bekannt zu machen ohnentstehen muß.

Eine sichere Patientinn von gutem Hause, bey
30 Jahre alt, von hagrer und schwächlicher Leibs-
beschaf-

beschaffenheit, empfand seit 6 Jahren ziemliche Magenschmerzen. Die Patientinn, wie die Herren Aerzte vermochten nicht, durch alle angewendete Behelfsmittel dieses immer zunehmende Uebel, mit einigem Bestand, gänzlich abzutreiben.

Im 1775sten Jahre mehrten sich die Magenschmerzen, und hielten bey 6 Monate lang an. Ein Alltagfieber schlug sich in dieser Zwischenzeit dazu, und der zufällige Mangel von Eßlust und Schlaf entkräftete die Patientinn merklich.

Bey den nämlichen Symptomen konnte die Herzgrube, ohne Vermehrung der Schmerzen, und befahrende Ohnmachten nicht berühret werden, und man bemerkte unter der Herzgrube eine verhartete Geschwulst, die sich abwärts unter die kurzen Rippen links gegen der weichen Seite, bis tief unter den Schmeerbauch ausdehnte; die allemal auf jede auch sanfte Berührung oder Reiz zum Erbrechen oder Schwachheiten erregte.

Neben Abgang der Eßlust, wie des Schlafs, war die Puls an sich nicht mehr febrilisch, jedoch sehr klein und unlebhaft: dagegen hat die geringste Bewegung in dem Bette, wo die Patientinn immer auf dem Rücken, ohne anderweite Verwendung, liegen mußte, die unleidentlichsten Schmerzen, Blödigkeiten, und mehrstündigen Ohnmachten zugezogen.

Alle äußerliche Bähungen, erweichende und auflösende Pflaster, die man versuchet, verursachten

ten zusehends noch schmerzlichere Krämpfungen: dagegen schienen eine Menge angewendeter seifenartiger Mittel, bitterer Extrakten, und Eisenarzneyen Anfangs die Verhärtung zu erweichen; allein es war von kurzer Dauer. Die noch mitlerweil zugenommenen, Tag und Nacht angehaltenen Ohnmachten, Schlaflosigkeit, ungemeine Entkräftung, Niedergeschlagenheit, nebst dem matten und kleinen Puls der Patientinn erforderten demnach Behelfsmittel von Kampfer, Bibergeil, Moschum, flüchtige Salze, Senfüberschläge, reizende Klistiere ꝛc. aber alle diese öfters angebrachten Arzneyen waren ohne Wirkung, und verschafften weder Lebhaftigkeit, noch einen erhobenen Puls.

Mitten in dieser allseitigen Verlegenheit kam zum Glück der allgemeine berühmte Hr. D. Mesmer aus Wien nach Konstanz: welcher denn über die mißlichen Umstände der Patientinn, und besonders wegen allenfalliger Anwendung der Magnetkur zu Rath gezogen worden.

Der Hr. D. Mesmer entsprach diesem Verlangen; und besuchte die Patientinn den 1sten August Abends um 6 Uhr. Nach weniger Erkundigung über die mit wiederholten Ohnmachten Befallene, machte Hr. D. Mesmer zerschiedene magnetische Versuche. Gleich bey der ersten Anwendung lockte er auch den thierischen Magnetismus so geschwind herbey, daß alle diejenigen kränklichen Zufälle mit aller Heftigkeit rege geworden, die sich immer während der so lang fürgedauerten Krankheit bemerken lassen. Die ordentliche Fortsetzung des Magnetsgebrauch, und das dazu verodnete Fußbad brachten in den ersten drey Tagen die wunderbarsten Erscheinungen hervor. Die Ströme zogen sich bald übers bald untersich: und daneben wurde die Patientinn zusehends immer mehr munter und lebhafter. Die Ohnmachten minderten sich: ein zuweilen sich einstellender Schlaf brachte Erquickung: die gewöhnlichen natürlichen Ausleerungen, die sonsten ohne Reiz nicht bewegt werden konnten, kamen zum Vorschein; und das seltenste, was den praktischen Arzt auferbaute, und aufmerksam machen mußte, war die anhaltende wirbelförmige Bewegung um die Herzgrube, welche die Patientinn etliche Stunden lang merklich fühlte, und vermittelst welcher die hartnäckigste Geschwulst um die Herzgrube nach und nach erweichet, und in ihrem ganzen Umfange kleiner geworden.

Die Patientinn fand hierauf ziemliche Erleichterung, fieng an sich zu bewegen, links und rechts ohne Beschwerde zu liegen, zu schlafen, auch auf einige Stunden, ohne mindestes verspürtes Ungemach, außer Bett zu seyn.

Nach so erwünschten Umständen wurde daher den 6ten August die Magnetkur verstärket. Bey dieser neuerlichen Anwendung beunruhigte über einmal die Patientinn ein ziemlich brennender Schmerz, der wie ein Blitz durch beede Pulsen der Hände fuhr,

fuhr, und nach einer halben Stunde mit einer empfindsamen Kälte durch die Finger strömte.

Bey dieser wundersamen Wirkung hatte es mittlerweil sein Verbleiben; denn die nachgekommenen Täge, so sehr man auch den Magnetismus verstärkte, äußerte sich doch mit der Patientinn nicht die mindeste Veränderung: dagegen die Eßlust nebst dem ordentlichen Schlafe bisher fortdauerten, und hierdurch ihre Kräfte sich ungemein erholten. Wo aber die Aerzte bis daher den unheilbarsten Widerstand gefunden, bey der verharteten Geschwulst nämlich, diese zeigt sich um die Herzgrube wirklich weicher und kleiner, und kann, ohne zu besorgen, den Schmerzen, berühret werden. Solchemnach die Patientinn sich bis nun zu in solch gebesserten Umständen versetzet findet, daß sie wirklich in und außer dem Hause ihren Geschäfften, zu jedermanns Bewunderung, ungehindert vorzustehen vermag.

Unter der Aufschrift eines Schreibens vom Bodensee hat man in öffentlichen Blättern folgendes gelesen.

Der durch die Entdeckungen verschiedener neuer Wirkungen des Magnets, und besonders des thierischen Magnetismus, berühmte Herr D. Meßmer, ist aus Wien in diesen Gegenden angelanget. Er beweiset sein System durch die wunderbare Gewalt, die er über alle Menschen ausübt, bey denen

nen der Nervensaft in einiger Unordnung ist. Durch
bloße Berührung der Hände der Patienten macht
er den Epileptischen ihre Paroxismus kommen,
bringt Empfindungen in paralitische Glieder, er-
regt Ohnmachten, Zittern, Magenkrampf und andere hysterische und convulsivische Symptomen, ja
er erwecket diese Erscheinung sogar ohne Berührung in der Entfernung von mehreren Schritten,
und sogleich, als er seine Hände zurücke zieht, läßt
auch das Uebel nach. Diese Erscheinungen hat
er sonderbar zu Mörsburg, wo er sich einige Tage aufgehalten, in Gegenwart verschiedener Hof-
cavaliers und anderer ansehnlicher Personen, zu
jedermanns Erstaunen, an verschiedenen Patienten
gezeiget. Herr Mesmer eignet diese bewunderungs-
würdige Kraft keinem Geheimniß, oder seiner Person allein zu. Alle Menschen sind nach seinem System mehr oder minder magnetisch; gewöhnlicher
Weise aber sind es die eines melancholisch- oder
cholerischen Temperaments am meisten; daher auch
diese die gleiche Kraft, wie er selbst, besitzen.
Wenn nun auch die Kuren, die Herr Mesmer
unternommen, unsere Erwartung entsprechen, so
ist seine Erfindung nicht allein wunderbar, sondern
eine große Wohlthat für die Menschheit.

Joachim Friedrich Bolten, der Arzneygelahrtheit Doktors, und Hamburgi-
schen

ſchen Phyſici, fortgeſetzte Nachricht
von dem mit dem künſtlichen Magneten gemachten Verſuche in der Nerven-
krankheit der Jungfer Br...

Der Herr Verfaſſer dieſer Schrift iſt durch die
freundſchaftlichſte Erinnerung eines auswär-
tigen Freundes veranlaſſet worden, den Verſuch
mit dem Magneten noch einmal in der Nerven-
krankheit der Jungfer Br.... zu wiederholen, und
zugleich die Fußbäder zu gebrauchen. Allein, auch
dieſer iſt, wie der erſte, gänzlich fruchtlos geweſen,
indem weder die Beſſerung der Kranken erfolget,
noch ſonſt eine einzige Erſcheinung beobachtet worden iſt, welche der Kraft des Magneten mit einiger Wahrſcheinlichkeit zugeſchrieben werden könnte.
Dem ungeachtet erkläret ſich der Herr Doktor Bolten, daß er dem Magneten, ſo lange noch nicht
alle Heilskräfte abſprechen wolle, als vernünftige
Männer ſolche auf die Probe zu ſtellen für gut finden. Jedoch füget er hinzu, daß es vielleicht ſelbſt
mit den Nachrichten des Herrn Mesmers ſeine
Richtigkeit wohl nicht ſo ganz haben möge, welches zu beweiſen er aus einem eigenhändigen Briefe
des erſten Kayſerl. Leibarztes, des Herrn Baron
von Störks, anführet, daß dieſer geſchrieben hat, er
habe noch keinen ihn überführenden Beweis von
der gerühmten Güte des Magneten geſehen, ob-
gleich der Einfluß deſſelben, wie es ſchiene, in

vielem nicht zu läugnen sey. Die jetzt dem außeror=
dentlichen Geräusche, welches man von den Wunder=
kuren des Magneten gemacht hatte, folgende große
Stille scheinet ein sicherer Beweis zu seyn, sowohl
von der Unthätigkeit des Magneten in den Nerven=
krankheiten, als von der Uebereilung derer, welche
diese Wunder erfahren zu haben sich beredet hatten.

Ein anderes Schreiben aus Mün=
chen.

Allhier ist der durch seine magnetische Kuren so
berühmte Herr D. Mesmer auf seiner Rückreise
nach Wien angelanget, woselbst er die höchste Gna=
de gehabt, in Gegenwart Sr. Churfürstl. Durchl.
einige Versuche des thierischen Magnetismus mit
glücklichem Erfolge zu zeigen. Er hat auch daselbst
eine Person, die mit der hinfallenden Krankheit be=
haftet, vorgenommen, von welcher Operation fol=
gendes zu melden.

1. Hat er durch bloßes Anrühren ohne Zuthuung
eines Magneten verschiedene Symptomata in meh=
rern menschlichen Körpern hervorgebracht.

2. Diese hat er verschiedenemal ohne Anrüh=
rung, bloß durch Entgegenhaltung seines Zeigefin=
gers wiederholet.

3. Hat man die magnetischen Effluvia in Ge=
stalt eines zuweilen warmen, zuweilen kalten Win=
des, aus seinem auf einen entgegen gesetzten Fin=
ger deutlich gespüret.

4. Diese

4. Diese Effluvia durchströmten unverhindert und ununterbrochen verschloßne Thüren und dicke Mauern.

5. Sie wurden auch von dem Spiegel reflectirt; das ist, wenn der Körper einmal mit dem Magnetismo stark impregnirt worden, so hat z. B. der Finger, so gegen den Spiegel in einer nicht gar großen Entfernung gehalten wurde, den zurück geprallten Strom des Magnetismi deutlich gespüret.

6. Diese Effluvia wurden in einem Abstande von 10 und mehr Fuß mittelst eines Stocks oder Rohrs, dessen man sich im Gehen zum Aufstützen zu bedienen pflegt, fortgepflanzt, auch wenn man einen Körper e. g. dazwischen gehalten hat.

7. An R. P. Kennedy, beständigen Secretair der churfürstl. Akademie hat Herr D. Mesmer ein convulsivisches Zucken, so ihn jezuweilen zu überfallen pflegt, durch bloßes Entgegenhalten seines Fingers, so oft und anhaltend als er gewollt, erreget, und auch wider gestillet: so, daß Herr P. Kennedy den Herrn Doctor bitten müssen, diesem Scherze ein Ende zu machen.

8. Tags darauf, nämlich den 24. Nov. 1775 hat Herr D. Mesmer in seinem Gasthofe, auf Verlangen verschiedener Cavaliers und Mitglieder der Akademie, eine Operation mit einem epileptischen Manne vorgenommen. Er fragte in aus, und äusserte, daß seine Krankheit mit einer Empfindung bey den Unterlippen anzufangen pflegte: so legte

Herr

Herr D. Mesmer beyde Hände auf dessen Seiten, und innerhalb 2 bis 3 Minuten fiel der Kranke zu Boden, nach Zeugniß der gegenwärtigen Medicorum, mit starken Convulsionen behaftet. In 6 bis 7 Minuten kam der Patient in etwas zu sich, fiel aber wieder zurück, und wälzte sich in allem ungefähr 10 bis 12 Minuten mit solcher Heftigkeit, daß 8 und mehr Männer ihre Hände voll zu thun hatten, ihn zu halten. Herr D. Mesmer versicherte, daß es durch eine Magnetkur möglich sey, diesen von seinem Elende zu befreyen.

Alle die Gegenden, so Herr D. Mesmer besucht hat, sind von überzeugenden Proben der Wunderkraft seines erfundenen Nervenmittels erfüllt.

Er selbst ist zu bescheiden, als daß er ein Vergnügen am großen Geräusche suchte, und dieß mag wohl die Ursache seyn, warum die wenigsten Fälle bekannt worden sind. Wenn Herr D. Bolten in Hamburg mit seinen Versuchen so unglücklich ist, so glaubt man mit viel mehrerm Rechte auf seine Unwissenheit der gehörigen Heilart schließen zu dürfen, als daß man auf die Richtigkeit der Nachrichten, so man von den Mesmerischen Kuren aus verschiedenen Orten her verbreitet hat, einen Verdacht schöpfen sollte, wenigstens ist noch keine einzige widersprochen worden. — Man wünschte sehr, die Jungfer Br... in den Händen des Herrn Mesmers zu sehen, vermuthlich würde es sich bald zeigen, warum die vorigen Versuche nicht gelingen wollten.

Fortsetzung der Schreiben die Mesmerischen Magnetkuren betreffend.

Enthaltend:

I. Schreiben des churbayrischen geheimen Raths, Herrn Peter von Osterwald in München, an Herrn G. F. Brander in Augsburg.

II. Zwey Briefe des Herrn de Harsu, Wundarztes und Doctorn der Medicin 2c. in Genf, über diese Materie, an die Herren Verfasser des Journal Encyclopedique.

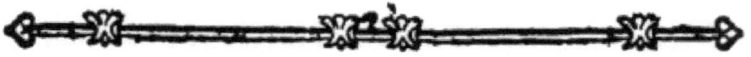

Augsburg, 1777.

Hochedler, besonders Hochgeehrtester
Herr Brander,
Werthester Freund!

Sie erinnern sich, mein werthester Herr Bran͏der! daß Sie mich durch Ihre Briefe an Herrn von Linbrunn mit Herrn D. Mesmer bekannt gemacht haben. Da ich nun seitdem nicht nur an meinem selbst eigenen Körper die D. Mesmerische Kurart versucht, sondern auch an andern Patienten, die mit mir waren, verschiedene Beobachtungen darüber anzustellen Gelegenheit gehabt habe; so ist es an sich selbst sehr billig, und bey mir zugleich eine Pflicht der Dankbarkeit, daß ich ihnen, mein Herr Brander! eine wahre und zuverläßige Nachricht davon ertheile.

Zum voraus muß ich bekennen, daß ich anfänglich auf den thierischen Magnetismus des Herrn D. Mesmers wenig hielt. Die Versuche, die derselbe damit im vorigen Jahre hier bey unsrer Academie machte, und die fast alle gegenwärtige Mitglieder empfanden, hatten auf mich nicht die allergeringste Wirkung. Die Wunderbarlichkeit dieses Magnetensystems, die widersprechenden Nachrichten von den D. Mesmerischen Kuren, und besonders die verächtliche Art, womit die Medici von verschiedenen Seiten dawider loszogen, dieses alles würde meine Unentschlossenheit verewigt haben, wenn ich nicht in Ihren Briefen an Herrn von Linbrunn (*), meinen beßten und wertheften Freund, die Nachrichten von einigen erstaunenswürdigen Kuren des Herrn D. Mesmers gelesen hätte, die er an Ihrer Jungfer Tochter selbst und verschiedenen Orten in Schwaben unternommen, und glücklich ausgeführt hat.

Dero mir bekannter forschender und wahrheitsliebender Geist, Dero allbekannte Aufrichtigkeit erweckten bey mir vollkommenen Glauben, und dißipirten

(*) Herr von Linbrunn ist churbayrischer Hof-Kammer-Münz- und Bergwerksrath, ein sehr würdiges Mitglied der Academie der Wissenschaften in München, der zu der Aufnahme dieser Academie sehr vieles beygetragen, und verschiedene wichtige Stücke in ihre Abhandlungen geliefert hat: besonders vom Sterbejahre Jesu Christi, und von einer neuentdeckten römischen Heerstraße, nahe bey Laufzorn, einem Ihm angehörigen churfürstlichen Rittergute.

spirten alle meine Zweifel. Ich nahm also mit Herrn D. Mesmer, welcher eben damals, nämlich im abgewichenen Monat Junii, hier in München war, die Verabredung, daß er bey seiner Retour von Regensburg, wohin er eben auf einige Wochen zu verreisen hatte, bey mir in meinem Landhause am Gasteig das Absteigquartier nehmen, und seine Kur mit mir anfangen sollte. Sein Aufenthalt in Regensburg verzögerte sich aber in die 9 Wochen lang, nach welchen er zwar in München wieder ankam, aber bald darauf sich nach Maria Brunn bey Moching, ungefähr 3 Meilen weit von hier, begab, wo verschiedene Patienten schon auf ihn warteten, mit denen er sich schon vor mir engagirt hatte.

Ich erfuhr zugleich, daß ihn etliche meiner geglaubten Freunde abgerathen hatten, mich in die Kur zu nehmen, weil er sich schlechte Ehre damit machen würde, indem ich schon am Rande des Grabes stünde, und mein Zustand unheilbar wäre. Doch ließ mir Herr D. Mesmer von Maria Brunn durch eine Freundinn, die dahin gereiset war, zu entbiethen: Die veränderten Umstände seiner Angelegenheiten hätten ihn verhindert, in München bey mir, wie er sich vorgenommen, abzusteigen; wenn ich mir aber gefallen lassen wollte, nach Maria Brunn zu reisen, so sey er noch allerdings bereit

reit sein Versprechen zu halten, und mich in die Kur zu nehmen. Ich machte mich also auf, und reiste Mitwoch den 25. September dahin. Den Tag darauf fieng die Kur bey mir an, weil ich aber mit einem sehr starken hitzigen Brustkatharre behaftet anlangte, so mußte ich noch acht Tage warten, bis ich anfieng das Bad zu gebrauchen, welches zu dieser Kur gehört.

Nun werden Sie, mein Herr Brander! zu wissen verlangen, wenn sie es etwan nicht schon vorher wissen, worinn dann eigentlich meine Krankheit bestanden, um derentwillen ich eine solche Kur unternommen?

Erstlich waren meine Füße, besonders der linke, von den Hüften an bis an die Zehen paralitisch, und fast wie halb gelähmt, auch so schwach, daß man mich die Stiegen hinauf, und auf schroppichsten Wegen führen mußte. Ich stolperte sehr oft, und wäre fast allemal, wenn man mich nicht gehalten hätte, umgefallen. Und da ich im 30sten Jahre meines Alters noch in einer Viertelstunde 1000 französische Klaftern weit laufen konnte, ohne zu ermüden, so konnte ich itzt mit genauer Noth 100 Klaftern weit in 6 Minuten Zeit im ordentlichen Schritt gehen, und wurde da schon so müde, daß ich mich, um auszuruhen, niedersetzen mußte.

Ich

Ich machte also im Einhergehen eine elende Figur, welches mir dann, wenn ich am Hofe, und in den Rathsversammlungen, oder in Kirchen erscheinen mußte, gar schmerzlich fiel. Ueber das mußte ich befürchten, bey katharrosen Zuständen, denen ich sehr oft unterworfen bin, oder bey kalten Witterungen völlig lahm und contract zu werden.

Zweytens hatte mein Gesicht seit 4 Jahren her dergestalt abgenommen, daß, da ich als ein zwanzigjähriger Pursche auf 200 Schritte weit eine grobe Canon = oder Missaldruckschrift deutlich lesen konnte, ich nun kaum auf 40 Schritte weit dasselbe zu thun vermochte; daß ich bey heller Mittagszeit eben so dunkel und undeutlich sahe, als ich ehemals in der Demmerung gesehen hatte, und in der Demmerung konnte ich an den Objecten fast gar nichts mehr, als eine confuse Bewegung unterscheiden. Das ärgste aber war, daß ich nur durch gerade Stralen (per radios directos) sehen konnte; nur ein Punct der Retina, der mit der Ax des Auges eintraf, war noch empfindlich. Alle Gegenstände, die von dieser Axi über 30 Grade entlegen waren, machten nicht die geringste Empfindung in meinen Augen, sondern es war in Ansehung derselben eine finstere Nacht, wenn ich nicht die Augen gerade darauf wendete. Wenn ich also gerade zu vor mich hingieng, und die Augen in dieser Stellung hielt, und es lag nur etwas geringes auf dem Boden, so stolperte ich mit meinen ohne das schwachen Füßen darüber hin, weil das Aug nicht das geringste davon wahrnahm.

Drittens bin ich seit 20 Jahren her mit einer Hernia ventosa in inguine dextro behaftet gewesen, und habe mich diese ganze Zeit her mit Bandagen bewahren müssen, ohne welche ich nicht eine Stunde lang gehen konnte, ohne die Beschwerlichkeiten dieses Zustandes wiederum von neuem zu empfinden.

Viertens habe ich seit 6 Jahren an der goldenen Ader gelitten, die zwar sanft, aber unordentlich und nicht zu bestimmter Zeit floß. Letzlichen und

Fünftens ist mein Magen fast von Jugend auf sehr schwach, und daher auch der Appetit zum Essen, und besonders zum Fleischessen, immerzu ziemlich schlecht gewesen.

Sehen Sie, mein Herr Brander! diese waren meine Leibsgebrechlichkeiten, welche zu heben die Herren Medici alle Kunst und Fleiß, wiewohl vergebens, angewendet haben. Indessen habe ich doch damit das 58ste Jahr meines Alters erreichet. Ich habe mir zwar niemals ein vierzigjähriges Alter gehoffet. In diesem Frühjahre aber nahmen

nahmen meine äußern sowohl als innern Sinnen
ab, dabey die beschriebenen Leibsgebrechen so sicht=
bar zu, daß ich mir den Winter hindurch entweder
das Ende meines Lebens, oder doch wenigstens mei=
nes Gesichts vermuthete. Dieses letztere, nicht
das erstere, machte mich kummervoll, und befestigte
meinen Entschluß, so bald es möglich wäre, die
Nervenkur des Herrn D. Mesmers an mir versu=
chen zu lassen, um so mehr, weil mein Herr Or-
dinarius, einer der größten und berühmtesten
Aerzte unsrer Stadt, den Hauptgrund meines Zu=
standes in dem Nervensystem gründete.

Diese Kur nun hat, Gott Lob, so wohl ange=
schlagen, daß ich sie weit besser befunden, als ver=
muthet habe. Nach Verfluß von 4 Tagen em=
pfand ich mich stärker und fester auf meinen Füßen,
als vorher. Ich machte sogleich etliche Proben,
daß ich in 16 Minuten Zeit 500 Klaftern weit in
einem Stück stark marschiren konnte, ohne im ge=
ringsten müde zu werden, welches ich vorher in 24
Minuten Zeit, und zwar mit vieler Müdigkeit,
kaum hatte verrichten können.

Von der Zeit an hatten sich meine Füße von
den Hüften an von Tage zu Tage durchgehends
corroborirt. Die Beschwerlichkeit, welche man
im Gehen an mir noch bemerken kann, rühret nicht
von den Nerven, sondern von einer Menge Hühner=

augen

augen her, womit meine Zehen überſäet ſind. Man möchte etwa ſagen, das Bad zu Mariabrunn, welches wegen ſeiner Nerven- und Glieder ſtärkenden Kraft hierorts ſehr berühmt iſt, und häufig frequentirt wird, habe dieſe Wirkung an meinen Füßen hervor gebracht, und nicht die Magnetkur. Allein es iſt zu bedenken, daß ich damals das Bad wegen meinem Katharr noch nicht gebraucht hatte, ſondern erſt 4 Tage darnach, nämlich den 2ten October.

Und an dieſem Tage nahm ich gegen Abend das erſtemal wahr, daß ich wiederum per radios obliquos oder ſeitwerts ſehen konnte, denn ich nahm alle Objecta wahr, die unter 80 Graden von der Axi der geraden Geſichtslinie entfernt lagen, nicht zwar hell und deutlich, aber doch kennbar, und am rechten Auge beſſer, als am linken. Durch gerade Stralen ſah ich in der Demmerung auf 100 Schritte weit alles ziemlich deutlich, und kannte alles, was ich ſonſt gekannt hatte. Seitdem approchirt mein linkes Auge dem rechten in der viſione obliqua immer mehr, ſo daß ich nunmehr, Gott ſey Lob und Dank, faſt eben ſo gut wiederum ſehe, als ich vor 20 Jahren geſehen habe.

Etliche Tage nach dieſem merkte ich, daß ich meine Hernia ventoſa verlohren hatte. Ich huſtete noch immer ſehr ſtark, und war dabey ungemein

mein verstopst; dessen ungeachtet ließ sich nichts mehr davon spüren. Ich wagte es bey allem diesem, meine Bandage wegzulegen, und blieb bis 2 Tage lang so: ich gieng täglich 1 Stunde lang spatzieren, welches ich vorher nicht hätte 10 Minuten lang wagen dörfen. Meine Hernia zeigte sich nicht mehr.

Zu gleicher Zeit hätte sich die goldene Ader auch bey der Verstopfung, als sonstigen avant coureur, wieder einstellen sollen, sie blieb aber ohne die mindeste Beschwerniß aus, und ich werde nun in etlichen Monaten sehen, wie es weiter damit gehen wird.

Sehen sie nun, mein wertheste Herr Brander! das ist die Geschichte von meinem selbst eigenen Körper, und was ich daran leibhaftig empfunden habe, wowider sich nichts einwenden läßt. Wollte jemand sagen, die Historie mit meinen Augen sey bloße Einbildung, so bin ich es zufrieden, und ich verlange von keinem Arzte in der Welt mehr, als daß er so viel zuwege bringt, daß ich mir fest einbilde, gesund zu seyn, und in meinem Körper nichts Uebels zu empfinden, denn darauf, denke ich, kommt alles bey mir selbsten an. Und ein Uebel an meinem Körper, wovon sich die Seele nichts vorstellet, ist eben so viel als kein Uebel, wenigstens in meinen Gedanken.

Neben

Neben mir aber waren in Maria Brunn noch
4 Patienten. Erstlich, ein italienisches Frauenzim̃er, Mad. del M. die von Ihro königl. Hoheit der
verwittibten Frau Churfürstinn von Sachsen dem
Herrn D. Mesmer anempfohlen war, wie man mir
sagte (*). Dieser Frauen Krankheit bestund in
einer heftigen Melancholie, die öfters in wunderliche Ausschweifungen ausbrach. Sie hatte weder
Appetit zum Essen, noch Schlaf. Die Extremitäten ihres Körpers, sonderlich Hände und Füße,
waren wie todt, worinn kein Umlauf des Geblüts
mehr zu spüren war. Die ganze Heilekunst wußte
hier nicht zu helfen. Die Magnetkur des Herrn
D. Mesmers aber schlug ihr so gut an, daß sie nach
3 Wochen, den 30. Sept. vollkommen gesund,
und von allen ihren Uebeln und Incommobitäten
befreyet, das Bad verlassen konnte. Ihr Ehegemahl traf um eben diese Zeit hier in München
ein. Er fand seine Frau weit munterer und schöner, als sie zur Zeit ihrer Verheurathung gewesen, und nun soll sie sogar, ihrer Domestiquen sagen nach, sich in gesegneten Leibsumständen befinden:

(*) Herr D. Mesmer hat auch von Ihro königl. Hoheit der verwittibten Frau Churfürstinn von Sachsen für die Kur der Madame del M. wirklich eine
mit kleinen Brillanten besetzte goldene Repetiruhr, sammt dergleichen Kette, und vortrefflichen
3 Pandeletten zum Geschenk erhalten.

den: in Wahrheit die schönste Wirkung von der Magnetkur.

Ich heiße sie Magnetkur nicht darum, als ob hiebey ein Eisenmagnet gebraucht worden, dann Herr D. Meſmer macht dermalen seine meisten Kuren ohne allen künstlichen Magneten durch bloßes, theils unmittelbares, theils mittelbares, auch nach Beschaffenheit der Umstände anhaltendes, und wiederholtes Berühren der leidenden Theile; sondern ich gebrauche mich dieses Ausdrucks nur darum, weil die Meſmeriſche Heilmethode von ihrem ersten Ursprung an, unter diesem Namen bekannt worden ist.

Die andern 3 Patientinnen waren die Töchter der Frau Hofräthinn von B., Kinder von 12, 11 und 6 Jahren. Die älteste Fräulein hieß Clara. Immerwährende schmerzhafte Entzündungen, so sie seit 5 Jahren von den Kindsblattern her erlitten, gestatteten ihr selten die Augen zu öffnen. Sie hatte 2 Felle auf den Augen, so nahe an den Pupillen, daß sie nichts mehr sehen, noch lesen konnte. Wie ich zu Maria Brunn ankam, so war das Fell am linken Auge schon vergangen, das andere am rechten Auge vergieng während meiner Kurszeit, und das Kind sah alles, und konnte wiederum, wie vorher, vollkommen lesen. Die Zeit muß lehren, ob und wie lang es dauren werde.

Die

Die zweyte Tochter, Barbara, mit 11 Jahren, hatte einen besondern starken Hang zur Traurigkeit. Sie konnte nicht zunehmen. Ihr Körper begann seit geraumer Zeit sichtbar schief zu wachsen. Sie klagte öfters über Magenwehe und einem spannenden Schmerzen der ganzen linken Seite. Herr Dr. Mesmer entdeckte an ihr eine Anlage zu Spasmen, und Convulsionen in dem Bauche und einer Seite der Brust, welche zwar noch zu keinem merklichen Ausbruche gekommen, doch aber schon der Grund des ungleichen Wuchses und anderer Beschwernissen waren. Ich sahe sie durch den Gebrauch der Meßmerischen Kur munterer werden. Sie nahm zusehends zu, und die vorigen Zufälle kamen nicht wieder.

Die jüngste Fräulein, Theresia, im 6ten Jahre, war vom zweyten Jahre ihres Alters an aus einer unbekannten Ursache an beyden Füßen contráct. Die rückwärtigen Muskeln der Füße und Schenkel waren dergestalt zusammen gezogen, daß es uns möglich war, das Knie gerade nach dem Vorfuß vorwärts zu biegen. Sie konnte also niemals auf der Fußsohle und mit den Fersen auftreten, sondern nur auf den Zehen: und zwar ohne Anhalten oder Anlehnen gar nicht stehen. Die Beine der Schenkel, wie auch die Schienbeine konnten durch diesen Widerstand nicht anders, als wie

förm=

förmliche Bögen auswachsen. Sie war am ganzen Körper ausgezehrt. Das Uebel muß auch zugleich den Kopf ergriffen haben. Die eine Seite der Hirnschale war merklich höher gewachsen, als die andere. Die Zunge war ganz lahm, und nach einer Seite gezogen. Uebrigens schien sie ganz blödsinnig. Ich sah mit Erstaunen, daß sich durch die Mesmerische Wunderkur alle diese Zufälle merklich besserten, die Contractur vergieng. Und das Kind bekam den Gebrauch seiner Füße so weit, daß es nunmehr auf beyden Fersen fest aufstehen, und sich auf einem Fuße erhalten konnte, woran vorher nicht zu gedenken war. Die Schienbeine, die vorher sichelkrumm, und vorwärts gebogen waren, fiengen nunmehr an, wiederum gerad zu werden. Es ist zwar wahr, daß es noch nicht vollkommen ganz allein gehen kann, sondern sich an einer Hand, oder sonst an etwas anhalten muß. Allein darüber wird sich nicht zu verwundern seyn, wenn man bedenkt, daß dieses Kind den Gebrauch seiner Füße durch eine so lang anhaltende Contractur völlig verlohren hatte, und daher, wie ein anders Kind, das Gehen wiederum von neuem zu lernen anfangen muß, wozu ohne Zweifel eine längere Zeit nöthig ist. Freylich wäre zu wünschen gewesen, daß Herr D. Mesmer noch mehrere Zeit an diese Kur hätte verwenden können, wie es bey dergleichen lang eingewurzelten Krankheiten, seinem Sagen nach, erforderlich wäre. Ich zweifle auch sehr, daß dieses Kindes Kur von langer Dauer seyn wird, weil das Uebel schon allzu lang und viel Wurzel gefasset. Die schon zu weit verstrichene Jahrszeit, und des Herrn D. Mesmers beschlossene Abreise aber waren die Ursache, daß mit derselben ausgesetzt, und die Vollendung auf eine andere Zeit verschoben werden müssen.

Fast gegen die letztern Tage unsers Aufenthalts zu Maria Brunn kam noch eine Bäurinn aus der Nachbarschaft, Namens Anna Osterrauerinn, von Sulzrain zu uns. Dieses Weib war epileptisch, und sie wurde am ersten Tage ihrer Kur etlichemal von ihrem Uebel befallen. Nach 6 Tage fand sie sich schon so weit soulagirt, daß sie wieder nach Hause zu ihrer Feldarbeit zurückkehren konnte. Freytag den 18. Octobr. kam sie wieder, und erzählte, daß die periodische Zeit, wo sie der epileptische Zufall wieder hätte treffen sollen, nunmehr schon zweymal verstrichen sey, ohne daß sie etwas davon empfunden hätte. Sie blieb auch noch weiter bis zu unserer Abreise davon befreyt. Dem ungeachtet hat Herr·D. Mesmer diese Bäurinn wegen Kürze der Zeit, so dieselbe zu der Kur angewandt, nicht für völlig kurirt gehalten. Es ist Schade, daß mit dieser Person die Magnetkur nicht länger hat fortgesetzt werden können.

Sam-

Samſtag den 19. Octobr. verließ ich nebſt allen übrigen Badgäſten, wegen bereits eingefallener kalten Witterung, Maria Brunn, und kehrte über die gute Wirkung der ſogenannten Magnetkur, ganz vergnügt nach Hauſe zurück, wohin mich Hr. Dr. Meſmer auf mein inſtändiges Bitten begleitete, und noch 10 Tage bey mir verblieb, den 30. Octobr. aber ſeine Rückreiſe nach Wien antrat.

In währender dieſer Zeit habe ich noch zwey wunderbare Effecten von der Magnetkur geſehen. Der Frau G. v. L. Kammermädchen, Sophia, welche vorher bey mir in Dienſten ſtund, litte ſeit etlicher Zeit her entſetzliche Schmerzen am Magenkrampfe, welche ſie alle Tage zweymal überfielen, die etliche Stunden lang dauerten. Auf das erſtmalige Berühren des Herrn D. Meſmers mitten im Paroxysmo ließ derſelbe augenblicklich nach, das zweyte- und drittemal empfand ſie nur noch eine kleine Anmahnung davon, wie ſie ſagte, und nach dieſem hat ſie der Magenkrampf völlig verlaſſen, und ſie befindet ſich nun, außer der Suppreſſione menſium vollkommen geſund, welche ſich vieleicht auch eingeſtellt haben würden, wenn Herr Dr. Meſmer länger hier geblieben, und die Kur continuirt hätte. Der zweyte Effect war noch wunderbarer.

Meines Hausmeiſters Eheweib hatte vor 5 Wochen ein Knäblein gebohren, welches bisher mit beständiger Verstopfung und Kopffraißen behaftet, und mit einem Kropfe am Hals, in der Größe eines kleinen Hühnereyes auf die Welt gekommen war. Gleich nach dem erstmaligen Berühren des Herrn D. Mesmers bekam das Kind, in Zeit von einer Minute, noch in unserer Gegenwart seine natürliche Oeffnung. Und da sich die Hausmeisterinn die noch übrigen wenigen Tage des Herrn D. Mesmers Aufenthalts mit meiner Erlaubniß täglich ein- oder zweymal auf meinem Vorzimmer einfand, und das Kind vom Herrn D. Mesmer sowohl am Bauch, als am Halse ganz gelinde einigemal berührt wurde, so setzte nicht nur wider die sonstige Gewohnheit die natürliche Oeffnung täglich zweymal fort, sondern es hörten auch die Fraisen auf, und der Kropf fieng sichtbar an, von Tag zu Tag kleiner zu werden, so, daß er erst nach der Abreise des Herrn D. Mesmers, bis auf den 12. November, das ist, nach 3 Wochen, von der ersten Berührung an vollkommen verschwunden ist.

Ich könnte noch von andern dergleichen Kuren schreiben, die Herr Dr. Mesmer in unserer Stadt die kurze Zeit hindurch verrichtet hat. Allein ich habe mir fest vorgenommen, nichts zu erzählen, als was ich bey mir selbst empfunden, und bey andern mit eigenen Augen gesehen haben.

Werthester Herr Brander! so groß die Wichtigkeit der Mesmerischen Entdeckung an sich selbsten ist, so ist sie es noch vielmehr durch die Anwendung, die derselbe davon macht. Durch die Erfindung seiner Heilmethode will er behaupten, im Stande zu seyn, den größten Theil aller sonst unheilbaren Krankheiten zu heilen. Das, was er allhier bey verschiedenen Krankheiten mit der nämlichen Methode geleistet hat, macht auch dieses sehr wahrscheinlich, und läßt vermuthen, daß er der Natur eines ihrer geheimsten Triebwerke abgesehen habe, welches bisher den größten Naturkündigern verborgen geblieben ist. Wenigstens bin ich von dem Daseyn einer subtilen Materie, die sich von allen andern bekannten unterscheidet, und von ihrer Wirkung auf die Nerven, eben so gewiß, als ich es von der Sonne bin.

Ich empfand in währender Kur, wie sich diese Materie stromweise auf alle meine Nerven und Muskeln, sonderlich der leidenden Theile, ergoß, und nach einigen Tagen gleich einem warmen Winde durch die Finger und Zehen mit einiger Gewalt herausfloß.

Ich könnte sogar diese Materie deutlich riechen, wenn Herr D. Mesmer mir den Zeigefinger seiner rechten Hand, die Nase und den Scheitel des Kopfes vorhielt, welche Theile des Körpers er Pole nannte.

Auf dem verblindeten Theile meiner Augen hatte ich die Empfindung, als wie wenn man mit einem zarten Pinsel, um etwas zu malen, herumführe. Ferner hatte ich Gelegenheit durch Versuche, so Herr D. Mesmer an mir sowohl als an andern vielfältig angestellt, überführt zu werden, daß die thierischen Körper nach ihrer Entfernung und Stellung einen wechselweisen Einfluß in einander haben, und daß auch alle andere Körper die sogenannte magnetische Kraft anzunehmen fähig seyn, wie zum Exempel mein kleines schwarzes Hündchen, das ich beständig bey mir hatte. Hier muß ich nachholen, daß zu meiner ganzen Kur kein einziger Eisenmagnet ist gebraucht worden. Wiewohl Herr D. Mesmer auch den artificialen Magneten gar nicht alle Kraft abspricht, sonderheitlich wenn er denselben seinen sogenannten thierischen Magnetismum mitgetheilt hat.

Als ich den Tag vor der Abreise des Herrn D. Mesmers denselben fragte, ob er nicht für gut fände, daß ich einige Artificialmagneten, als ein Präservativ- oder Verstärkungs- und Bewahrungsmittel, an meinen Füßen auflegte: so billigte er meinen Vorschlag; denn es war mir aus der Erzählung bekannt, daß die künstlichen Magneten bey Ihrer Jungfer Tochter, wie Sie, mein Herr Brander!

der! bezeugten, von beßter Wirkung gewesen, und ein oder das andere Uebel bey ihr recidiv werden wollte, wenn sie die Magneten einige Zeit ablegte. Ich bitte Sie also, mein Herr Brander! schicken Sie mir ein halb Dutzend solcher Magnetstänglein, etwan 6 französische Zolle lang, 1 Zoll breit, und 1 oder $1\frac{1}{2}$ Linie dick, wie Sie mir vor etlichen Jahren zwey solche Stücke verehrt haben, die aber seitdem bey mir verlohren gegangen sind.

Ungeachtet ich fast täglich an mir und an andern erfahren hatte, daß sich die magnetische Kraft durch die Töne auf andere Körper fortpflanzen lasse; so setzte mich doch folgender Versuch, den Herr D. Mesmer an dem Herrn Pfarrer zu Moching, Baron von W., vorgenommen, in Erstaunen. Vor einigen Jahren ward derselbe von einem Schlagfluß getroffen. Er besuchte uns, als eben Herr D. Mesmer seine Musik machte, und setzte sich in der Entfernung von einem Schritte weit von selbem, ohne das geringste von dessen Absicht zu wissen, nieder. Nach 2 bis 3 Minuten fieng er an Händen und Füßen so gewaltig zu zittern an, und wurde auf eine Seite niedergezogen, daß er sich ohne Anhalten auf dem Sessel kaum hätte erhalten mögen. Herr D. Mesmer versprach ihm die Herstellung, wofern er sich zu einer ordentlichen Kur hätte entschließen können.

Das beßte an dieser Kur ist, daß sie auf die Patienten nicht gewaltsam, sondern ohne Schmerzen und Widerwillen wirket, so bey andern Medicinen etwas wunderseltnes ist, und daß sie, wenn sie nichts hilft, doch auch nichts verderbet, welches bey den ordentlichen Medicamenten, wenn sie nicht mit der äußersten Vorsicht gewählt werden, gar oft geschieht. Wenn ich aber die Art und Weise der Magnetkur nicht begreife, so wundert es mich eben so wenig, als daß ich nicht begreife, wie eine Mixtur, die der Mensch durch den Mund in den Magen hineinschluckt, nach dem Umlaufe im Geblüte diejenigen Wirkungen in andern und entferntern Theilen des Körpers hervorbringen könne, die ich wirklich sehe.

Dieses ist nun alles, was ich von diesem Magnetismo, wie ihn Herr D. Mesmer nennet, aus der eignen Erfahrung behaupten kann. Es mögen nun andere dazu sagen, was sie wollen. Doch dünkt es mich an Philosophen eine große Thorheit zu seyn, wenn sie die Wirkungen oder die Facta wegläugnen, um die Principia für Chimären zu erklären, die sie nicht begreifen können, oder nicht wollen. Eben so, wie es eine Thorheit wäre, a priori principia und Ursachen anzunehmen, wovon sich keine Wirkungen zeigen.

Ich halte vielmehr dafür, daß cordate, kluge und verständige Medici sich vielmehr bemühen sollten, fen, dem menschlichen Geschlechte zum beßten dieſen Magnetismus, oder was es auch ist, durch ſorgfältige Unterſuchungen und Beobachtungen zu prüfen, und kennen zu lernen, als ein Ding, das ſie weder verſtehen, noch kennen, durch ausgeſuchte Widerſprüche a priori zu verwerfen. Wie es ein Werk des dummen Aberglaubens iſt, offenbare Facta falſchen und unbegreiflichen Urſachen und Principiis zuzuſchreiben, eben ſo iſt es eine gelehrte Narrheit, dergleichen offenbare Facta blos darum zu miskennen und zu läugnen, weil man ſich vorgenommen hat, die Urſachen und die Principia davon ſchlechterdings zu verwerfen.

Ich fürchte nur, daß durch dergleichen ſchmähſüchtiges Betragen und voreiliges Verachten dieſe wichtigſte Entdeckung, woran dem ganzen menſchlichen Geſchlechte ſo vieles gelegen iſt, ſchon in ihrer Geburt erſticket, und wiederum gänzlich verlohren gehen möchte. Man ſollte vielmehr, wie ich wünſche, den Herrn D. Mesmer anſtatt der Verfolgung auf alle Art zu unterſtützen und aufzumuntern trachten, daß er ſeine Verſuche noch weiter treiben, und endlich das ganze Geheimniß, mit dem er eben wegen den vielen Verfolgungen ſeiner Kunſtgenoſſen noch hinter dem Berge zu halten ſcheinet, der Welt vollkommen entdecke, damit ſelbes gründlich unterſuchet, und gemeinnützlicher gemacht werden möge.

Mehr mag ich für diesesmal von der Sache nicht sagen, sondern ich beschließe meinen Brief mit der lebhaftesten Dankbarkeit, daß sie mir die Bekanntschaft des Herrn D. Mesmers zuwege gebracht haben, und verharre

München, den 13. Nov. 1776.

Dero ergebenster Diener
Peter von Osterwald.

I.
Extract aus einem Briefe des Herrn de Harsu, Wundarztes, Doctor der Medicin und Mitglied des Raths der Zweyhunderter der Republik Genf (°).

Ich bin sechs und vierzig Jahre alt, und seit fünf Jahren an dem untern Theile der Füße ganz lahm, eben daher aber auch allen Ungemächlichkeiten unterworfen, die von einem gänzlichen Mangel der Leibesbewegung herzurühren pflegen, unter welchen mir, besonders zur Winterszeit, die Kälte an den Füßen, Beinen und Schenkeln sehr wehe that, so daß ich genöthiget war, nicht nur meine Füße, sondern auch die Beine mit Kohlpfannen zu erwärmen. Die Wirkungen, welche man in Wien von dem Masgueten wahrgenommen hatte, und welche ich in der Schafhauser Zeitung gelesen, machten bey mir die

Hoff-

(*) Aus dem Journal encyclopedique An. 1776. Julii.

Hoffnung rege, daß ich vermittelst derselben auch diesen Theilen würde eine Wärme beybringen können. Ich schrieb deswegen an Herrn D. Mesmer, der mir mit der gütigsten Offenherzigkeit alle hierzu nöthige Anleitung und Unterricht ertheilte, und die Methode anzeigte, deren er sich bisher bedienet hatte, um so unglaubliche Wirkungen, besonders in Nervenkrankheiten, hervorzubringen. Ich empfand zu Anfang des verflossenen Octobermonats die größte Kälte, da ich unten an die Füße und anderswohin fünf Magneten auflegte. Ungeachtet nun ein sehr strenger Winter darauf erfolgte, und meine Lähmung anhielt, so hatte ich doch nicht ein einigmal mehr die Kohlpfanne zu gebrauchen nöthig, da meine Beine, Schenkel und der ganze Körper vollkommen und zu meiner größten Zufriedenheit erwärmet wurden. Nun gieng auch die Verdauung weit besser von statten, und ich gebrauche die Aloe, deren ich seit sieben bis acht Jahren niemals entbehren konnte, nicht mehr, um mir einen offenen Leib zu erhalten. Ich habe das Podagra, welches die vornehmste Ursache meiner Lähmung ist, drey Monate lang bekommen, welches in zwanzig Jahren nicht geschehen ist, da ich solches nur allezeit fünf bis sechs Tage lang gehabt habe. Endlich habe ich auch sehr heilsame Wirkungen von dem Magneten wahrgenommen, die sich bis auf eine gewisse scharfe Materie erstreckten, welche sich seit langer Zeit auf meine Hände und den vordern Theil der Arme gesetzt, und ein sehr beschwerliches Jucken verursacht hatte. Auch dieses Uebel ist um sehr vieles vermindert, und beynahe völlig gehoben worden. Unter andern habe ich auch erst einen sehr merkwürdigen Erfolg davon gesehen an einer gewissen Frau, Namens Cramer, deren Mann in der Münze ist, die seit zehen Jahren sehr große Beschwerden von dem Magenkrampfe erlitten hat.... Um die Arzeneygelehrten aufmerksam zu machen, und nach meiner Möglichkeit etwas beyzutragen, um die Arzeneykunst mit einem Mittel zu bereichern, welches in solchen Krankheiten, bey welchen alle bishero bekannte Mittel so oft unzulänglich sind, so wirksam und kräftig ist, werde ich mich künftig in einem andern Schreiben weitläuftiger hierüber erklären, so bald es mir meine Gesundheitsumstände verstatten.

II.

Brief des Herrn de Harsu, Wundarztes 2c. über die Wirkungen des Magnets, an die Herren Verfasser des Journal encyclopedique.

Meine Herren!

Eben die Ursache, welche den Herrn D. Mesmer bewogen, seine Gedanken und ganzes Verfahren mit dem Magnet vermittelst ihres Journals bekannt zu machen, und also mit einem einigen Briefe

auf

auf alle diejenigen zu antworten, die er über diese Sache und Materie erhalten hat, nöthiget auch mich dieses Mittel zu ergreifen, um alle die Briefe auf einmal zu beantworten, welche mir bey Gelegenheit meines ersten Briefes, in welchem ich die erwünschten Wirkungen des Magneten gezeiget hatte, die ich vergangenen Winter davon erfahren, zugekommen sind. Ihre Aufnahme desselben in Ihr Journal sowohl als des Verfassers der Anzeigen von Dauphine haben ihn so bekannt gemacht, daß es mir ganz unmöglich ist, auf alle die Briefe und Anfragen, die darauf erfolget sind, besonders zu antworten.

Wie wirket wohl nach ihren Gedanken der Magnet? In was für Krankheiten halten sie denselben für dienlich? Diese beyden Fragen sind die wichtigsten, und die man am allerötersten zu thun pflegt.

Ich antworte auf die erste, daß alle meine Absonderungen, Ausführungen und Umlauf sehr erleichtert worden, welches mir auch die Wärme und die übrigen guten Wirkungen, die ich angeführet, verschaffet hat. Die Absonderung der Ausdünstung, des Urins und der Exeremente sind sehr merklich vermehret worden, und diese letztere besonders so stark, daß solches die einige Ursache bis auf diese Stunde noch ist, warum ich mit dem Gebrauche der Magneten behutsam umgehe, damit ich nicht einen Durch-

fall

fall bekommen möge, nachdem ich die Verstopfung fünfzehen Jahre lang durch die Aloe zu heben und zu bestreiten gesucht habe. Ich glaube auch nicht ohne Grund, daß die Absonderung der Lebensgeister weit bessern Fortgang habe, weil ich mich itzt geschickter zu der Kopfarbeit befinde, als die letztere Jahre hindurch, in welchen ich eine beständige Vermehrung aller meiner Uebel besorgen mußte.

Was die zwote Frage betrifft, so ist dieselbe so beschaffen, daß sie eine weitläufige Erklärnng und vollständige Ausführung erfordert, dergleichen mir aber |mein gegenwärtiger Gesundheitszustand zu liefern keineswegs verstattet.

Das magnetische fluidum scheinet mir eines von den beßten eröffnenden oder die Verstopfung hebenden Mitteln zu seyn, wo es nicht gar das allerbeßte und stärkste dieser Art ist, welches in der Natur angetroffen werden kann. Ein Naturforscher wird vermuthlich sein Urtheil über diese Gedanken noch zurück halten, wenn er sich erinnert, daß die magnetische Materie die allersubtileste ist, und sehr leicht durch die härtesten Körper, z. E. die Metalle und die Steine hindurch dringet, durch welche weder das Licht, noch die electrische Materie bringen kann. Es ist dieses auch die einige Gewogenheit, um welche ich meine Leser ersuche, daß sie nämlich nicht eher urtheilen, als bis sie meine Gedanken und Anmerkungen werden gelesen haben, welche ich ihnen in diesem

sem und den folgenden Stücken dieses Journals mitzutheilen gedenke (*).

Die ganz erstaunenden Wirkungen des Magn ts auf einen solchen Körper, wie der meinige ist, u d der durch ein so langwieriges Uebel so abgezehrt und schwach worden, daß ich den halben Tag liegen muß, damit ich nicht den Hintern wund sitze, und daß ich mich von meinem Bette auf den Stuhl und von dem Stuhle wieder auf das Bett tragen lassen muß; diese Wirkungen, sage ich, sind wahrhaftig so beschaffen, daß Personen, die weniger krank sind, und mit dem Gebrauche dieses Mittels eine Leibesbewegung verbinden, gewiß alles davon zu hoffen haben. Da diese Hoffnung schon auf wirkliche Begebenheiten gegründet ist, so hat man alle Ursache zu glauben, daß wenn derselben immer mehrere bekannt werden, endlich eine neue Lehrart für die chronische, rheumatische, Nerven- podagrische und andere Krankheiten werde gefunden werden können, da die gegenwärtige Arzeneykunst so wenig denselben abzuhelfen im Stande ist. Ich bin wenigstens beynahe davon überzeugt, und um meine Gedanken noch besser zu bestärken, so will ich in Ihr Journal alle die hier und da im Französischen, Lateinischen, Deutschen und Holländischen
zer-

(*) Da die Verfasser des Journal encyclopedique versprochen haben, alles, was ihnen von dem Herrn von Harsu ferner wird zugeschickt werden, sogleich bekannt zu machen, so wird der Verleger nicht ermangeln, solches auch deutschen Lesern mitzutheilen und übersetzen zu lassen.

zerstreut vorkommende medicinisch-magnetische Beobachtungen einrücken lassen, damit Ihre Leser, sie seyen Aerzte oder nicht, in den Stand gesetzt werden mögen, ein Urtheil hierüber zu fällen, und ich dadurch, so viel an mir ist, etwas beytrage, wodurch denen Kranken einige Erleichterung verschaffet, und die Heilkunst erweitert und verbessert werden könne.

Ich will damit den Anfang machen, daß ich mich noch einmal auf den glücklichen Erfolg berufe, den ich in meinem ersten Briefe nur mit wenigen Worten angezeiget habe, weil ich dazumal noch besorgt war, er möchte nicht von anhaltender Dauer seyn, wie er dann auch überhaupt nicht von großer Wichtigkeit gewesen ist. Indessen da ich durch meine Erfahrung sowohl als durch die Erfahrungen der Herren Mesmer und Unzer beherzter worden; so ließ ich einer gewissen Frau Jeanne Marie Bilet, Ehegattinn des Herrn Cramers, Magnete auflegen. Diese Frau wurde schon seit 10 oder 12 Jahren sehr oft von dem Magenkrampfe geängstiget, der sie auch immer häufiger und unerträglicher von Tag zu Tag plagte. So bald sie die Magnete gebrauchte, so wichen ihre Krampfschmerzen wie wenn sie weggezaubert worden wären, ohne wieder zu kommen, ob sie gleich, wiewohl wider meinen Rath und Willen, schon seit vier Monaten die Magnete weggeleget hat.

Hier ist noch eine neuere Begebenheit, an welcher ich aber keinen weitern Antheil habe, als daß ich
dem

dem Herrn de Loys von Lausanne Magnete gegeben habe, dem man folgende schriftliche Nachricht ertheilet hat:

„Ich will Ihnen jetzo auf Ihre Frage eine hin„längliche Antwort ertheilen, indem ich Ihnen eine „genaue und richtige Nachricht von der ganz be„sondern und merkwürdigen Wirkung gebe, welche „die zwey magnetischen Bleche, welche Sie herzulei„ben die Gütigkeit hatten, hervorgebracht haben. „Margaretha Crause von Modon, 42 Jahre alt, „und seit 8 Jahren verheurathet, diente schon seit 4 „Jahren als eine Köchinn, auf dem Schlosse Che„seaux. Diese, da sie das Frühstück für das Gesinde „den achten dieses Monats Morgens zwischen 7 und „8 Uhr zubereitet hatte, überfiele, da sie ganz voll„kommen gesund in der Küche stund, auf einmal der „allerheftigste und durchbringendeste Schmerz unten „an den Lenden, so daß sie ein Geschrey anfieng, daß „alle im Hause zusammen liefen. Kaum hatten sie „noch Zeit gehabt zu verhüten, daß sie nicht zu Bo„den gefallen ist, doch wäre sie beynahe in eine Ohn„macht gefallen. Man brachte sie mit vieler Mühe „auf ihr Bette, wo sie in einem fort laut schrie. „Dieses Geschrey vermehrte und vergrößerte sich, so „oft man genöthiget war sie anzurühren, und warme „Tücher auf den kranken Theil zu legen. In sol„chen unerträglichen Schmerzen brachte sie den gan„zen Tag zu bis des Abends um 8 Uhr, da man ihr die

„Ma-

„Magnetbleche auflegte. In weniger als zwey Mi-
„nuten von der Auflegung dieser Bleche an gerechnet,
„bekam die Kranke eine Erleichterung, so daß sie im-
„mer besser wurde, und bald darauf ließen sich die
„Schmerzen, die den ganzen Tag hindurch anhaltend
„und unaufhörlich waren, nur alle Stunden einmal,
„hernach alle zwey Stunden, und zwar immer erträg-
„licher spüren. Endlich wurde die kranke Person
„nach drey Tagen vollkommen wieder hergestellet.

„Sehen Sie, mein Herr! das ist die genaue Be-
„schreibung einer Begebenheit, die vor unsern Augen
„geschehen ist. Vieleicht wird es genug Ungläubige
„geben; allein was darf man sich darüber wundern,
„da so viele dem Evangelium nicht einmal glauben.
„Ich habe die Ehre zu seyn rc.

„De Verdun.
„Cheseaux de 22. Jul. 1776.

Diese Beobachtungen, wenn solche mit denen,
welche Sie, meine Herren, in Ihren Journalen mitgetheilet haben, und mit den Bemerkungen der Herren Mesmer, Hall, Bauer, Unzer, Deimann, Decemet
und Buchoz zusammen genommen werden, scheinen
mir allerdings sehr wichtig zu seyn, und die Wirkung
des Magnets auf den menschlichen Körper, die Nerven und Krankheiten desselben sehr deutlich beweisen
zu können. Ich habe die Ehre rc.

de Harsu.
Geneve de 13. Aug. 1776.